Dívidas Agrícolas

A388d Alfonsin, Ricardo Barbosa
Dívidas agrícolas: securitização - PESA, dívidas com
fornecedores, medidas judiciais / Ricardo Barbosa Alfonsin.
2. ed. rev. – Porto Alegre: Livraria do Advogado Ed., 2006.
112 p.; 21 cm.

ISBN 85-7348-416-0

1. Crédito rural. 2. Dívida. 3. Financiamento agrícola.
I. Título.

CDU - 347.278

Índices para o catálogo sistemático:

Crédito rural
Dívida
Financiamento agrícola

(Bibliotecária responsável: Marta Roberto, CRB-10/652)

Ricardo Barbosa Alfonsin

DÍVIDAS AGRÍCOLAS

Securitização – PESA
Dívidas com fornecedores
Medidas judiciais

2ª Edição
Revista

Porto Alegre, 2006

© Ricardo Barbosa Alfonsin, 2006

Capa, projeto gráfico e composição de
Livraria do Advogado Editora

Revisão de
Rosane Marques Borba

Direitos desta edição reservados por
Livraria do Advogado Editora Ltda.
Rua Riachuelo, 1338
90010-273 Porto Alegre RS
Telefax: 0800-51-7522
editora@livrariadoadvogado.com.br
www.doadvogado.com.br

Impresso no Brasil / Printed in Brazil

Foi fundamental na elaboração deste trabalho a participação dos colegas:

Arilei Ribeiro Mendes Filho
Fernanda Zanette Alfonsin
Pedro Zanette Alfonsin
Vanessa Gomes Pereira da Silva
Aline Scherer Mendes

Agradeço também a colaboração dos colegas *Breno Moreira Mussi* e *Cristóvão Colombo dos Reis Miller* e dos colegas integrantes do IEJUR.

e-mail: alfonsin@alfonsin.com.br
Fone fax: (51) 33463855

Prefácio

O Dr. Ricardo Barbosa Alfonsin tem dedicado boa parte de seus estudos para o exame das questões jurídicas referentes à atividade agropecuária, especialmente as que dizem com o financiamento das safras. A matéria, já por si complexa por envolver uma atividade sujeita a grandes investimentos e graves riscos, ainda está submetida a tratamento legal variado e inconstante, com sucessivas leis que implantaram planos econômicos e trataram de renegociações, alongamentos, substituição de garantias, cessões de crédito, etc., criando um emaranhado jurídico de difícil compreensão.

É preciso, nesse campo, ter longa vivência e agudo senso de observação, para apreender o conjunto do ordenamento jurídico a ser observado no trato da questão, perceber a especificidade de cada uma das inúmeras situações que podem surgir no relacionamento contratual a ser estabelecido pelo produtor, e assim poder acompanhar a evolução do tratamento legal incidente sobre os contratos de financiamento agrário.

Nesse contexto, o livro que ora se publica vem preencher uma lacuna na nossa bibliografia, pois versa sobre tópicos de significativa importância para um grande número de pessoas, e traz informações atualizadas sobre todas as principais questões do tema. Com o nítido propósito de bem informar e esclarecer, foi escrito com linguagem clara e escorreita, e está fadado a servir como útil instrumento para auxiliar na tomada de decisões dos interessados. Basta verificar o sumário para comprovar a abrangência do trabalho. A partir de uma observação introdutória, o autor cuida das diversas etapas pelas quais passou a questão do crédito rural no país; relata os planos econômicos, em especial o Plano Collor e seu efeito nos contratos; explica as particularidades dos contratos bancários no crédito rural, juros, capitalização, mora, alongamento, revisão judicial, garantias, cessão do crédito e incidentes no processo de execução. Embora acentuando os equívocos da legislação e da prática adotada no país para enfrentar a crucial questão agrária, e relatando as dificuldades sofridas pela categoria, o autor não deixa de manifestar seu otimismo diante do nosso potencial agrícola, da capacidade do nosso produtor e da real possibilidade de serem encontradas adequadas e justas soluções jurídicas para causas oriundas da legislação agrária, fundadas no novo Código Civil e no Código de Defesa do Consumidor.

Porto Alegre, agosto de 2005.

Ruy Rosado de Aguiar Júnior

.

Sumário

1. Introdução 11
2. Histórico de medidas para solução da dívida e o
   Programa Federal de Alongamento dos Débitos Rurais 23
3. Possibilidade de revisão das operações bancárias liquidadas
   ou renegociadas com a devolução/compensação dos valores
   pagos indevidamente 35
4. Questões específicas incidentes a todos os débitos rurais –
   alongados ou não 41
   4.1. Plano Collor 41
   4.2. Os juros remuneratórios 43
   4.3. A capitalização de juros 45
   4.4. A exclusão dos encargos moratórios – a configuração da
        mora do credor 46
        4.4.1. Os juros moratórios e a multa 47
   4.5. PROAGRO 48
   4.6. A desvalorização da moeda nacional 49

5. Questões referentes aos débitos alongados 53
   5.1. Falta de financiamento aos agricultores que aderiram ao
        alongamento e o aviltamento dos preços dos produtos
        agrícolas – impossibilidade de gerar renda para
        pagamento da prestação 53
   5.2. O excesso de garantias no débito alongado 57
   5.3. Os efeitos da correção pelo IGP-M no PESA – ausência de
        isonomia e eqüidade 58
   5.4. Redução dos encargos através da concessão de bônus de
        adimplência – exclusão do produtor em caso de atraso
        no pagamento 62

5.5. Questões relativas à transferência do crédito rural
alongado dos bancos oficiais para a União 66

5.5.1. Medida Provisória 2.196-3 – cessão de créditos à
União Federal sem prévio exame da sua legalidade . 66

5.5.2. Inconstitucionalidade da Medida Provisória
editada para atender os interesses dos bancos
federais – afronta aos princípios básicos da
administração – ausência de relevância e urgência –
abuso do poder de legislar 68

5.5.3. Efeitos da sub-rogação em relação ao devedor –
transferência dos direitos do credor primitivo . . . 73

5.5.4. Impossibilidade de utilização da execução fiscal
para cobrança de crédito privado – nulidade da
certidão de dívida ativa elaborada com dados
fornecidos por instituição financeira 76

6. Direito ao alongamento às custas da instituição financeira
quando indevidamente negado o pedido do produtor
formulado na época própria 81

7. Medidas judiciais e extrajudiciais cabíveis 85

7.1. Contra-notificação e defesa administrativa 85

7.2. Ação ordinária 86

7.3. Exceção de pré-executividade 87

7.4. Embargos do devedor 89

8. Dívidas com fornecedores 91

8.1. Onerosidade excessiva – modificação superveniente das
circunstâncias – alteração da base objetiva do negócio . . 96

8.2. Da possibilidade de revisão dos contratos – instrumentos
processuais 104

9. A exclusão dos cadastros de restrição ao crédito 107

Quadro-resumo das Resoluções do Conselho Monetário
Nacional citadas 111

Bibliografia 112

1. Introdução

Em 1998, escrevi um artigo denominado Escravos da Dívida, mostrando que uma dívida iniciada no Plano Collor, em 1990, que era 6 de mil sacos de arroz, por exemplo, na entrada do Real, em 1994, passou para 10 mil sacos (uma safra). Quando começaram os programas de renegociação em 1997 já tinha passado para 27 mil sacos (duas safras e meia), resultando, ao final dos 20 anos do PESA, em um compromisso de 89 mil sacos. Dizia então que, enquanto o financiamento agrícola não deixasse de ser negócio bancário para ser viabilidade de produção, seria impagável.

De lá para cá, os pilares estruturais de uma política agrícola para dar sustentabilidade a uma atividade tão incerta não foram implantados.

Assim, não há seguro agrícola adequado, e a PGPM – Política de Garantias de Preços Mínimos –, em cuja legislação, entre outros dispositivos, encontra-se o art. 187 da Constituição Federal, que prevê garantia de preços agrícolas compatíveis com os custos de produção, foi abandonada, não havendo com isto instrumentos de comercialização que evitem o aviltamento de preços na safra.

Concorremos com os tesouros americano e europeu, que subsidiam em um bilhão de dólares/dia suas agriculturas, e ainda com o Mercosul e suas assimetrias tributárias, cambiais etc., sem o estabelecimento de salvaguardas ou medidas compensatórias.

Dívidas Agrícolas

O crédito rural, embora tenha baixado seus encargos, atende somente 16% dos produtores e menos de 30% do custo de produção, tornando-se extremamente seletivo, estando dele excluídos especialmente aqueles que fizeram um esforço para renegociar seus débitos junto ao sistema financeiro e mesmo estando em dia com suas parcelas.

Ademais, as soluções dadas ao endividamento foram impróprias. Os que renegociaram em primeiro lugar, atendendo ao chamado do Governo e dos bancos, foram penalizados por encargos elevados, como atualização pelo IGPM – que é totalmente inadequado a indexar a atividade agrícola, acrescido de juros de até 10% ao ano, o que, em 20 anos, transforma-se em uma mistura diabólica e mortal.

Mais: nas renegociações foram exigidas garantias acima do que a lei e a própria sistemática do crédito rural prevêem, tendo como conseqüência a blindagem do patrimônio, excluindo os produtores da possibilidade de obtenção de novos financiamentos, justamente pela falta de bens livres para garantir novas operações.

Neste contexto, as lavouras passaram a ser financiadas pelo sistema de troca-troca com a indústria de insumos ou beneficiadoras, ou mesmo pela utilização de crédito pessoal, como o cheque especial, isto é, fontes com custos totalmente em dissonância com a rentabilidade da atividade.

Além disto, temos absurda carga tributária a incidir sobre a atividade e há os juros estratosféricos praticados no Brasil, sem paradigma mundial.

O produtor nestas condições é como um trapezista sem rede de proteção: diante de qualquer adversidade, as conseqüências são imprevisíveis.

Duas safras com preços acima da média histórica e boa produtividade acarretaram uma euforia no setor, levando os produtores a esquecer o terreno pantanoso em que está assentada a atividade.

Houve aumento das áreas cultivadas e investimentos em máquinas e equipamentos, embalados pelo MODERFROTA – que aparentemente tem custo baixo, mormente quando os vendedores, no estímulo do negócio, mostram prestações a serem pagas com valores irreais devido à utilização de cotações dos produtos acima do normal para apuração do número de sacas que estariam comprometendo com a compra.

Bastou uma safra com problemas climáticos, os preços voltando ao patamar normal na soja e, no arroz, alcançando 30% menos que o custo de produção, por exemplo, para que aflorasse a triste realidade, com sérios agravantes, sobrepondo-se dívidas bancárias velhas, renegociadas ou não, com novas e ainda débitos com fornecedores e beneficiadoras.

E o pior, as dívidas alongadas nos diversos programas como securitização e PESA, que já não estavam, em bom percentual, sendo pagas, foram transferidas para a União Federal, por medida provisória, em benefício dos bancos oficiais federais (Banco do Brasil, Banco da Amazônia e Banco do Nordeste), pagando o erário aos mesmos o valor escritural do débito, que foi repassado via eletrônica ao Tesouro sem qualquer conferência de sua legalidade e certeza. Isso fere vários princípios constitucionais, em especial da moralidade, da publicidade e da legalidade.

É consabido que estes saldos devedores estavam inchados de ilegalidades, pela inclusão do diferencial Plano Collor, juros ilegais, comissão de permanência, despesas e honorários, entre outras rubricas proibidas, flagradas pela CPMI do Endividamento Agrícola, pelo Tribunal de Contas da União e por infindáveis decisões judiciais, principalmente do Superior Tribunal de Justiça.

Mais grave é que a União Federal, na condição de cessionária dos créditos e adotando estes saldos devedores absurdos, faz incidir sobre as parcelas em atraso taxa SELIC e multas, resultando daí, exemplificativamente,

Dívidas Agrícolas
13

que 4 prestações atrasadas terminem em débito maior do que todo o valor renegociado a ser pago em 20 anos.

Não bastasse, emite certidão da dívida ativa e ingressa com execução fiscal, num verdadeiro abuso, transformando dívida privada em pública e reduzindo a condição de defesa do produtor, pois sabe-se que esta modalidade de cobrança é sumária, limitando os embargos a poucas questões.

Neste momento, os devedores necessitam estar muito atentos para, ao receber as notificações, defenderem-se antecipadamente, colocando seu direito antes da efetivação da penhora, sendo talvez esta sua grande oportunidade de revisar e excluir das contas as inúmeras ilegalidades que lhes foram impostas ao longo das renegociações.

Além disso, verifica-se outro abuso na transferência dos débitos à União, eis que pela desnaturação dos mesmos, de crédito rural para fiscal, perdem os ruralistas toda a proteção que a legislação especial confere à atividade agrícola, por seu interesse público; pelo fim social que ela contém, significando, entre outros danos, a perda do direito automático de prorrogação das parcelas em caso de prejuízos por problemas climáticos ou mercadológicos, bem como a incidência de encargos reduzidos na mora.

Quanto aos débitos com fornecedores, foi expedida uma resolução do CODEFAT autorizando o refinanciamento das dívidas, mas, desde logo, sabemos que haverá um penoso processo de adequação e de aceitação desta modalidade por parte dos credores, pois haverá a necessidade de concessão de desconto, e o risco da operação ficará com a indústria e com o banco.

Com isso, certamente teremos demandas, e já está havendo, entre a indústria e os produtores, fato este indesejável, pois é por aí que, bem ou mal, está sendo financiada a agricultura brasileira.

Ao menos agora os agricultores têm o Código de Defesa do Consumidor e o Novo Código Civil a lhes fornecer bons instrumentos legais de defesa nestes casos.

Há ainda outro agravante de superposição de dívidas, no que se refere à soja, pois com a abrupta variação de preços verificada na safra 2004, bem como quebra das safras por cheias e pela incidência de ferrugem nas lavouras, muitos contratos da chamada soja verde não puderam ser cumpridos, sendo prorrogados boa parte para o ano de 2005.

Os custos de produção e de máquinas e equipamentos foram balizados artificialmente pelos preços irreais dos produtos, verificados especialmente na safra 2003, e não baixaram mais.

A lavoura de 2004/2005 foi plantada com dólar próximo a R$ 3,00, sendo comercializada com dólar abaixo de R$ 2,50, resultando também daí sua inviabilidade. A soma destes fatores atinge principalmente Centro-Oeste, Norte e Oeste da Bahia, determinando um custo de produção entre 45 e 55 sacos por hectare, ficando a produtividade nesta mesma média.

Quanto ao arroz irrigado, vem sendo produzido com um custo entre R$ 25,00 e R$ 30,00 a saca e comercializado a menos de R$ 20,00.

O algodão, o trigo, o milho e a pecuária bovina sofrem com os mesmos problemas acima, resultando em preços sem remuneração. O leite, não obstante a sua importância, não possui qualquer sistema de incentivo ou proteção, a exemplo dos demais produtos que integram a cesta básica.

Paralelo a tudo isso, temos outras questões, não menos importantes, que alimentam a gravidade do quadro, como a angustiante questão fundiária, pois, sustentado pela necessidade de uma reforma agrária, adotou-se um processo ideológico, anacrônico, impondo índices de produtividade irreais.

Dívidas Agrícolas **15**

Além disto, a legislação agrária, especialmente o Estatuto da Terra, precisa ser reformulada para induzir uma nova dimensão de utilização do solo, estabelecendo outras formas de relação entre proprietários e arrendatários ou parceiros, buscando o equilíbrio entre as partes, como aconteceu nas locações urbanas, viabilizando a formação de cooperativas e condomínios de pequenos agricultores, sem a necessidade de desapropriação a altos custos e em processos infindáveis.

O importante é assegurar o uso adequado da área, e não a sua propriedade, pois este processo de reforma agrária já consumiu mais de 30 bilhões de reais e não trouxe nenhuma solução, ao contrário, permanecem os conflitos, fazendo com que os agricultores preocupem-se mais com o terrorismo das invasões e das vistorias do INCRA do que em cuidar da atividade produtiva.

Frente a este quadro de inviabilidade da atividade, voltam os movimentos reivindicatórios, como forma de sensibilização da sociedade, principalmente das autoridades e da mídia sobre a gravidade da situação, utilizando-se para tanto do trancamento de estradas, pontes e fronteiras, além de inundar as cidades de tratores e colheitadeiras, o que nem sempre é bem aceito pela população urbana, que não entende as agruras para produzir, pois acredita que o leite, o arroz e o feijão já nascem embalados na prateleira do supermercado, sendo estimulados por parte da imprensa a entender que o preço deve ser o mais baixo possível, sem a compreensão das conseqüências que a inviabilidade da agricultura significa para o país.

Infelizmente, ao prosseguir este quadro de insegurança, incerteza e desrespeito às leis que protegem a atividade, não haverá solução para esta crise, que na condição de atual parece a mais grave, mas que certamente será superada por outras de maior envergadura no futuro, acumulando problemas.

Lastima-se que tudo isso aconteça justamente quando há um grande horizonte visualizado para o Brasil, ante a necessidade de produzir energias alternativas às geradas pela queima de combustíveis fósseis, como petróleo e carvão, que, por exigência legal, face aos problemas ambientais que causam e pelo fato de suas jazidas serem finitas, deverão ser substituídos por fontes energéticas renováveis e limpas.

Temos condições, como ninguém, de produzir álcool, biodiesel, energia térmica gerada pela queima do bagaço da cana-de-açúcar, que, com as energias solar e eólica podem constituir os recomendados sistemas híbridos energéticos.

O biodiesel, como se sabe, é obtido a partir de óleos vegetais, oriundos da produção agrícola em grande escala de grãos oleaginosos como soja, girassol, dendê, canola, mamona e outros, e pela demanda mundial já existente, podemos avaliar a necessidade de enorme aumento da produção destes grãos.

Esta reconversão energética, além de gerar aumento de trabalho no campo, proporcionará mudança na matriz produtiva rural, substituindo o quadro perigoso e inadequado da monocultura.

Não podemos perder esta oportunidade, amordaçados pelos problemas estruturais e por esta dívida, uma vez que, enquanto a atividade esteve sufocada pela inadimplência nas décadas de 1980 e 1990, o país ficou estagnado na produção de 80 milhões de toneladas de grãos. Bastou um breve período de carência, pela renegociação dos débitos, aliada a um razoável momento de mercado e clima favorável, para aumentarmos a produção em mais de 50% em 3 ou 4 anos.

Nesse período, os recursos deixaram de ser carreados para o setor financeiro e foram aplicados na produção. E o mais importante: houve um grande incremento de produtividade, pois para obter um aumento de mais

Dívidas Agrícolas

17

de 50% nos volumes produzidos, houve uma expansão de menos 10% da área plantada.

Para tanto, é ocupada uma área de 48 milhões de hectares num país que possui 850 milhões, e que dispõe de mais 90 milhões de hectares a serem plantados sem derrubar as florestas naturais.

Além dos 130 milhões de toneladas de grãos produzidos, temos 450 milhões de toneladas de cana-de-açúcar, e estamos entre os maiores produtores mundiais em soja, algodão, café, carnes, frutas e outros.

No importante setor dos pescados, embora tenhamos uma enorme costa marítima, com mais de 8 mil quilômetros de extensão, muito pouco dela extraímos. Mais recentemente, entretanto, na produção em fazendas, especialmente de camarões, já competimos fortemente no mundo.

Todos esses produtos, além de competir com subsídios, enfrentam cada vez mais barreiras tarifárias, sanitárias e ambientais, cujo preparo para enfrentá-las e para impô-las ainda está muito longe de nosso alcance e de nossa competência.

Esses erros e mazelas têm sido a alegria de nossos concorrentes, que cada vez mais buscam ocupar estes mercados ávidos de alimentos e, principalmente, produzidos em condições ambientalmente adequadas.

Os estoques mundiais decrescem enquanto a população multiplica-se de forma assustadora, havendo um significativo aumento no consumo de proteínas vegetal e animal, sem falar na grande limitante causada pela escassez de água em grande número de países.

A sociedade brasileira precisa compreender a importância de sua agricultura, pois não podemos retroceder aos problemas das últimas décadas do século passado e, sim, avançar na ciência e na biotecnologia.

Nossos órgãos de pesquisa vivem à míngua, mas há institutos, como a EMBRAPA – Empresa Brasileira de Pesquisa Agropecuária – e o IRGA – Instituto Rio Gran-

Ricardo Barbosa Alfonsin

dense do Arroz –, que fazem um trabalho reconhecido internacionalmente. Se verificarmos as verbas que possuem e compararmos com outros institutos, mesmo de países em desenvolvimento como o Brasil, veremos a insignificância destes recursos, mormente se considerada a importância da agricultura para um país que só em 2005, até maio, já deixou mais de 13 bilhões de reais de divisas na balança comercial.

Em vez de exportarmos grãos, temos que exportar carne bovina, suína e de frango produzida por estes grãos. Temos que agregar valor a nossos produtos para depois exportá-los; com isto, não haverá desemprego nem êxodo no campo.

Deve haver uma forte mobilização nacional de esclarecimento do que está acontecendo, pois retornarmos a longo e penoso processo de renegociação de dívidas do setor trará terríveis conseqüências. Se esta dívida, que falam ser hoje de R$ 32 bilhões, tivesse sido anistiada em seu nascedouro – quando não alcançava R$ 8 bilhões, teria saído mais barato para a nação. Ela se constituiu por fatores externos e aleatórios à atividade. Houve a imposição de índices em desacordo com os preços dos produtos e juros absurdos. A agricultura serviu como âncora para conter a inflação nos diversos planos econômicos, especialmente no Collor e no Real. Durante o período de constituição desta dívida, por várias vezes foram transferidas imensas quantias de dinheiro como socorro ao Banco do Brasil, pelo suposto prejuízo que vinha tendo com o processo de endividamento da agricultura. O problema, além de não ter sido resolvido, foi ainda agravado.

Talvez seria o grande momento de utilizarmos o exemplo americano do Plano New Deal do Presidente Roosevelt (anistia para a agricultura visando a romper com a depressão), que virou a economia americana, saindo de medidas ortodoxas financeiras para medidas de visão econômico-social.

Dívidas Agrícolas

É chegada a hora não só da revisão de tudo isto, mas da concessão de uma indenização ao setor primário pelos prejuízos que a nação lhe causou. Os agricultores sofreram uma tortura constante pela imposição de uma dívida que não deram causa, resultando em suicídio de centenas de agricultores, levados pelo desespero, pela vergonha de viverem oprimidos pela doença da dívida, sendo abordados constantemente em suas casas por oficiais de justiça, apresentando-lhes mandados para pagamento, em 24 horas, de valores que representavam dez vezes o patrimônio que havia sido amealhado por gerações. Valores estes que ao final dos processos, após exclusão das ilegalidades, resultavam em 10% do montante executado inicialmente.

Ainda assim foram chamados de caloteiros pelo, na época, Presidente da República, que depois reconheceu, ao final do mandato, que um dos erros de seu governo foi desconhecer a injustiça da dívida agrícola, e ter-lhe trazido soluções tardiamente.

Mas, como ficaram aqueles que não puderam se defender, ou foram defendidos insuficientemente? Como ficaram aqueles que, mesmo defendo-se, chegaram ao final do processo exauridos, pela exclusão do crédito e da atividade, e assim não puderam entrar nos programas de alongamento?

A indenização a tudo isso não seria um ônus para a sociedade, mas um investimento, pois a agricultura devolve com rapidez e de forma multiplicada. Não foi dado o PROER aos bancos? Não foi dado o REFIS às empresas? Não estão criando uma loteria para salvar os clubes de futebol? Qual a razão de não se adotar um programa parecido à agricultura, onde as dívidas seriam pagas com percentual da produção? Temos que parar de pensar só financeiramente.

Este trabalho visa a resgatar um pouco do que ocorreu a partir da implantação dos programas de alongamento das dívidas, que nada mais foram do que postergamento de problemas de forma inadequada, procurando resolver não os problemas da agricultura, e sim, mais uma vez os do setor financeiro, transferindo grandes volumes de recursos da atividade produtiva aos bancos, pois as questões anteriores já foram abordadas na obra *Crédito Rural – Questões Polêmicas.* Mostra-se na obra, entre outros temas: que a medida provisória que transferiu as dívidas para a União é inconstitucional; que a execução fiscal para cobrança dos débitos rurais é ilegal; que as dívidas têm que ser revisadas a partir da origem, excluindo os encargos ilegais e as incidências indevidas dos índices dos diversos planos econômicos.

Por outro lado, prega-se a observância ao princípio constitucional da eqüidade nas diversas fases das renegociações, pois iguais foram tratados de forma diferente. Talvez a solução a estas questões signifique o início da reconversão do setor.

Dívidas Agrícolas

2. Histórico de medidas para solução da dívida e o Programa Federal de Alongamento dos Débitos Rurais

Em 1993, por iniciativa do Deputado Federal Victor Faccioni, foi instaurada Comissão Parlamentar Mista de Inquérito (CPMI) para apurar as causas do imenso endividamento do setor agrícola, cujo relatório final, aprovado pela unanimidade dos seus integrantes, constatou várias ilegalidades e irregularidades embutidas nos financiamentos agrícolas, resultando numa grande transferência de recursos da área produtiva para a financeira, e fez diversas recomendações para possibilitar o pagamento do débito então existente.

Após algumas medidas que não trouxeram resultado, a situação agravou-se e, diante da pressão exercida pelas entidades de classe e parlamentares que integraram a comissão, como por exemplo através do deslocamento de milhares de produtores rurais a Brasília, no movimento conhecido por caminhonaço, além de inúmeras decisões judiciais que confirmavam as ilegalidades, foi aprovada a Lei 9.138, de 30 de novembro de 1995, que em seu art. 5º autorizou as instituições financeiras a proceder ao alongamento das dívidas originárias de crédito rural, contraídas por produtores, suas associações, cooperativas e condomínios, mediante um processo denominado de *securitização*.

Dívidas Agrícolas   **23**

Para as dívidas até o valor de R$ 200.000,00, a chamada *seção I* da *securitização*, foram desde logo fixados pelo Conselho Monetário Nacional, principalmente através da Resolução 2.238/95, os procedimentos a serem adotados pelas instituições financeiras para o recálculo do saldo devedor e forma de alongamento. Este normativo, em seu art. 1º, VI, determinou o recálculo do valor do débito com base nos encargos financeiros previstos nos contratos originais, até a data do vencimento destes, e, após, com juros até o limite máximo de 12% ao ano mais o índice de remuneração dos depósitos da poupança.

Além disso, o mesmo dispositivo determinou o expurgo dos valores relativos à capitalização de juros em desacordo com o disposto no Decreto-Lei nº 167/67, dos débitos relativos a multa, mora, taxa de inadimplemento e honorários advocatícios de responsabilidade da instituição financeira, da diferença entre as quantias cobradas dos mutuários a título de adicional do Programa de Garantia da Atividade Agropecuária (PROA-GRO) e outros débitos acessórios, não previstos no contrato original.

Cumpre salientar que a revisão deveria retroceder à operação original quando os saldos devedores passíveis de alongamento fossem resultantes de operações cujos recursos tinham sido empregados na liquidação de dívidas anteriores, o conhecido *mata-mata* e/ou em prorrogações.

Os saldos devedores apurados, desde que enquadrados no limite previsto, tiveram seus vencimentos alongados pelo prazo mínimo de sete anos, com prestações anuais, taxa de juros de 3% ao ano, capitalizados anualmente, com cláusula de equivalência em produto, conforme o artigo 5º, § 5º, da Lei 9.138/95.

Quanto aos débitos cujos valores excediam a este limite de R$ 200.000,00, a denominada *seção II* da *securitização* ficou inicialmente estabelecida a possibilidade de

24   *Ricardo Barbosa Alfonsin*

livre negociação entre os produtores e bancos, até que se editasse regulamentação específica pelo Conselho Monetário Nacional, nos termos do artigo 5°, § 6°, da Lei n° 9.138/95.

Em alguns casos, estas dívidas foram renegociadas adotando-se o mesmo critério para apuração do saldo previsto para a securitização, incidindo então, correção pela TR e juros de 12% ao ano, num prazo de 10 anos. Diante da evidência da inviabilidade do pagamento nesta condição, outra forma foi encontrada para a chamada *seção II*, que veio a ocorrer através da Resolução/CMN n° 2.471, de 26/02/1998, posteriormente alterada pela Resolução/CMN n° 2.666, de 11/11/1999, modalidade esta que ficou conhecida como PESA (Plano Especial de Saneamento de Ativos), nome dado internamente pelo Banco do Brasil ao programa.

Também este normativo determinou o recálculo do débito, em seu art. 2°, I, incidindo, até a data do vencimento pactuado no instrumento original, os encargos financeiros previstos para a situação de normalidade e, do vencimento até a data da renegociação, a remuneração básica dos depósitos de poupança mais taxa efetiva de juros de até 12% a.a., ficando excluídos os encargos relativos a mora, multa e inadimplemento.

Para exercício do direito ao alongamento pelo chamado PESA, entretanto, impunha-se a compra, pelo devedor, de Certificados do Tesouro Nacional, destinados a liquidação/garantia do principal da dívida, nos termos do mesma Resolução 2.471:

Art. 1º (...)
§ 2º. A renegociação está condicionada à aquisição, pelos devedores, por intermédio da instituição financeira credora, de títulos do Tesouro Nacional, tipificados no anexo desta Resolução, com o valor de face equivalente ao da dívida a ser renegociada, os quais devem ser entregues ao credor em garantia do principal.

Tendo em vista o prazo de resgate desses títulos (20 anos) e sua remuneração (juros de 12% ao ano), o custo

Dívidas Agrícolas   **25**

de aquisição dos mesmos representava 10,366% do valor da dívida, recalculada nos termos supra.

Adquiridos os Certificados do Tesouro Nacional, o que deveria ser feito por intermédio da instituição financeira, e formalizado o alongamento, se obrigava o devedor ao pagamento, em 20 anos (artigo 3º, V, *b*, da Resolução/CMN nº 2.471/98), de juros progressivos e proporcionais de 8% ao ano para os débitos até R$ 500.000,00; 9% a.a. para débitos de R$ 500.000,00 a R$ 1.000.000,00 e 10% a.a. para valores acima de R$ 1.000.000,00, conforme dispõe o artigo 3º, II, *a*, *b* e *c*, da Resolução/CMN nº 2.471/98.

O encargo a título de juros incide, anualmente, sobre o principal da dívida, atualizado pelo IGPM, embora este já esteja atendido com a entrega do Certificado.

Por exemplo, se um agricultor tivesse um débito de R$ 500.000,00 com uma instituição financeira, para aderir ao alongamento deveria alcançar ao banco credor R$ 51.830,00, a fim de que fossem comprados títulos do Tesouro Nacional, que ficariam de posse da própria instituição, até o vencimento do débito, 20 anos depois, quando então o mesmo título estará valendo R$ 500.000,00, devidamente atualizados pelo IGPM, quitando o principal da dívida.

Neste caso, deverão ser pagos ainda, pelo período de 20 anos, os juros que incidem sobre o principal alongado, que no caso cogitado seriam de 8% ao ano, equivalentes a R$ 40.000,00, corrigidos.

Entretanto, um grande número de produtores, embora tenha solicitado a inclusão, não foi beneficiado pelos programas, especialmente pelos bancos privados, sem motivação para tanto, sob a alegação de que não estavam obrigados a conceder o benefício, pois a Lei 9.138/95 falava em *autorização*.

Esta posição ficou vencida nos tribunais, principalmente no Superior Tribunal de Justiça, que concluiu ser o alongamento um direito subjetivo do produtor, não podendo os bancos indeferi-lo imotivadamente.

O fato determinante às dificuldades é que a base da renegociação partiu de valores absolutamente irreais, especialmente em razão do desrespeito pelas instituições financeiras das normas que determinavam a revisão do débito desde o instrumento original, nos casos de recursos utilizados para pagamentos de dívidas anteriores.

Além disso, houve uma absoluta ausência de assistência creditícia aos produtores que alongaram seus débitos e uma absurda elevação do índice eleito pelo governo no caso do PESA (IGP-M), fatos que também serão tratados adiante.

Por estas razões, restou impossível a grande parte daqueles que aderiram ao programa de renegociação efetuarem o pagamento das parcelas, chegando a uma inadimplência generalizada, tanto na seção I como na II.

Diante deste quadro, obrigou-se a União Federal a encontrar uma solução para o problema.

As prestações dos débitos securitizados foram por diversas vezes prorrogadas (Resoluções/CMN 2.433/97, 2.566/98, 2.634/99 e 2.666/99), culminando com a concessão de um bônus de adimplência, nos termos do art. 5º, § 5º, I, da Lei 9.138/95, com a redação dada pela Lei 9.866/99, assim definido pelo art. 1º da Resolução/CMN 2.666/99:

> Art. 1º Estabelecer os seguintes critérios e condições aplicáveis às operações alongadas/securitizadas ao amparo da Lei nº 9.138, de 29 de novembro de 1995:
>
> (...)
>
> IV – devem ser concedidos bônus de adimplência sobre cada parcela da dívida paga até a data do respectivo vencimento, na hipótese de o saldo devedor, em 31 de julho de 1999, ser superior a R$ 50.000,00 (cinqüenta mil reais), representando descontos de 30% (trinta por cento) e de 15% (quinze por cento), observados os seguintes critérios para a respectiva apuração:
>
> a) devem ser calculados, em termos percentuais, os quocientes entre:

Dívidas Agrícolas

1. R$ 50.000,00 (cinqüenta mil reais) e o saldo devedor da operação;
2. o valor excedente a R$ 50.000,00 (cinqüenta mil reais) e o saldo devedor da operação;

Além disso, a Resolução/CMN 2.902/01 autorizou a repactuação das parcelas para que o pagamento fosse efetuado entre os anos de 2002 e 2025, dispensando ainda a variação do preço mínimo do produto, no caso de pagamento em dia, desde que os mutuários estivessem adimplentes até 30/11/01.

No caso do PESA, a primeira medida editada foi a Lei 9.866, de 09/11/1999, e a Resolução/CMN 2.666, de 11/11/1999, que reduziram os juros inicialmente previstos de 8, 9 e 10% para 6, 7 e 8%, o que não foi suficiente, não só por continuarem elevados para o longo prazo como pela permanência da incidência do IGPM cheio.

Em 2001, foi editada a Medida Provisória 2.155, cujo conteúdo passou a integrar posteriormente a Medida Provisória 2.196, tendo como objetivo o fortalecimento das instituições financeiras federais e a criação da Empresa Gestora de Ativos – EMGEA.

Esta Medida Provisória autorizou a compra, pela União, dos débitos relativos à securitização e ao PESA, formalizados juntos aos bancos oficiais federais, tomando por base a conta-gráfica apresentada pelos mesmos, cujo saldo era transferido via eletrônica.

Desta forma, passou a ser a União a credora dos produtores, cedendo-lhe os bancos oficiais o crédito, com graves conseqüências ao setor produtivo, que serão analisadas no seguir deste trabalho.

Foram editadas então a Medida Provisória n° 9, de 31/10/2001, e a Resolução/CMN 2.919, de 26/12/01, ampliando o desconto dos juros para 5 pontos percentuais e determinando ainda que a correção monetária pelo IGP-M ficasse limitada a 9,5% ao ano.

A Medida Provisória supra foi transformada na Lei 10.437, de 25/04/02, que teve sua redação alterada pela Lei n° 10.646, de 28/03/03, modificando a forma de cálculo dos encargos incidentes sobre a dívida, para limitar a correção em 0,759% ao mês, e não mais a 9,5% ao ano.

Mas ainda assim a grande maioria dos produtores não conseguiu entrar no novo programa, pois as parcelas antigas seguiram com os encargos elevados, acrescidos de comissão de permanência e multa, o que levou a União Federal a propor uma solução a esse problema, editando a Medida Provisória nº 77, de 29/10/02, hoje Lei nº 10.646/03. Esta medida possibilitava o pagamento das parcelas vencidas depois da renegociação, de acordo com os seguintes critérios:

Art. 4º (...)
§ 1º As prestações que estiverem vencidas na data da publicação desta Medida Provisória serão corrigidas da seguinte forma:
I – dos respectivos vencimentos até o dia anterior ao da mencionada publicação, pelos encargos financeiros definidos no art. 5º da Medida Provisória nº 2.196-3, de 2001;[1]
II – da data da publicação desta Medida Provisória até 31 de março de 2003, pelos encargos estabelecidos no art. 2º da Lei nº 10.437, de 2002.[2]

---

[1] Art. 5º Ocorrendo inadimplemento em relação aos créditos adquiridos ou recebidos em pagamento pela União, nos termos dos arts. 2º e 3º, os encargos contratuais decorrentes da mora estarão limitados à incidência, sobre o valor inadimplido, da taxa média ajustada dos financiamentos diários apurados no Sistema Especial de Liquidação e de Custódia, divulgada pelo Banco Central do Brasil, acrescida de juros de mora de um por cento ao ano, calculados *pro rata die.*

[2] Art. 2º Fica autorizada, para as operações de que trata o § 6º-A do art. 5º da Lei nº 9.138, de 29 de novembro de 1995, a repactuação, assegurando, a partir da data da publicação desta Lei, aos mutuários que efetuarem o pagamento das prestações até a data do respectivo vencimento, que a parcela de juros, calculada à taxa efetiva, originalmente contratada, de até oito por cento, nove por cento e dez por cento ao ano sobre o principal atualizado com base na variação do Índice Geral de Preços de Mercado – IGP-M, não excederá os tetos de:
I – nove vírgula cinco por cento ao ano sobre o principal, para a variação IGP-M, acrescida de:
II – três por cento, quatro por cento e cinco por cento ao ano, para a taxa de juros de oito por cento, nove por cento e dez por cento, respectivamente, calculada pro rata die a partir de 31 de outubro de 2001.

Dívidas Agrícolas

29

Portanto, para colocar em dia as parcelas em atraso, os produtores deveriam acrescentar, aos altos juros originais, a taxa SELIC, até 29/10/02 e, após essa data, IGP-M, o que não facilitou o pagamento, pois a SELIC é sabidamente uma das maiores taxas de juros do mundo. Em razão da falta de condições de acessar a nova modalidade, a União Federal então editou a Lei 10.696, de 03/07/2003,[3] regulamentada pela Resolução/CMN 3.114/03, estabelecendo o direito ao refinanciamento das parcelas renegociadas e já vencidas, que desde logo ficou conhecido como "Pesinha".

Para tanto, com o pagamento à vista de 10% do saldo das parcelas vencidas, facultou-se o refinanciamento em treze anos do valor restante, mediante repactuação vinculada à aquisição de novos Títulos Públicos Federais equivalentes a 20,62% desse saldo remanescente, a serem dados em garantia ao credor.

Aliás, a lei e o normativo criaram uma inexplicável exclusão, pois somente foram contemplados com o direito ao refinanciamento das parcelas atrasadas os produtores que tiveram suas "operações adquiridas pela União sob a égide da Medida Provisória 2.196-3, de 2001", alijando aqueles que renegociaram junto a bancos privados.

---

[3] Art. 12. Para efeito do disposto no art. 2º da Lei nº 10.437, de 25 de abril de 2002, admite-se que a regularização das parcelas em atraso até 28 de fevereiro de 2003, exclusivamente das operações adquiridas pela União sob a égide da Medida Provisória nº 2.196-3, de 24 de agosto de 2001, ocorra mediante a contratação de nova operação realizada pelo mutuário, até noventa dias após a regulamentação desta Lei, observadas as seguintes condições:

I – pagamento, em espécie, de dez por cento do saldo devedor em atraso;

II – refinanciamento em treze anos do saldo devedor remanescente, mediante repactuação vinculada à aquisição de Títulos Públicos Federais equivalentes a vinte inteiros e sessenta e dois centésimos por cento desse saldo remanescente, a serem dados em garantia ao credor.

Parágrafo único. Para as operações refinanciadas nos termos do inciso II deste artigo, aplicam-se os benefícios previstos nos incisos I e II, do art. 2º da Lei nº 10.437, de 25 de abril de 2002, sobre as parcelas de juros pagas até o vencimento.

Exemplificando, se o agricultor citado no caso anterior não tivesse pago os juros do alongamento (PESA) que havia contratado, e o valor em atraso atingisse, por hipótese, R$ 200.000,00, poderia refinanciar este débito, mediante o pagamento à vista de R$ 20.000,00 (10%) e o repasse ao banco de R$ 37.116,00 (20,62% do saldo – R$ 180.000,00) para compra de títulos do Tesouro Nacional.

Os juros do saldo refinanciado seriam pagos em 13 parcelas anuais, cujo vencimento se daria cumulativamente e na mesma data de vencimento dos juros do alongamento original (PESA).

Novamente tiveram os produtores em atraso sérias dificuldades em aderir a este programa, uma vez que deveria disponibilizar, à vista, mais de 30% de um saldo que vinha inchado por todos os encargos antes minuciosamente apontados, que significou uma penalização dupla: na conta original alongada e na sua atualização a partir do PESA.

Podemos dizer que o mesmo ocorreu com a securitização, pois embora atualmente os encargos incidentes sejam adequados, houve excessiva onerosidade para entrar no programa pela aplicação de taxas semelhantes às utilizadas para atualização das parcelas em atraso do PESA.

Tudo isto resulta em novo volume de endividamento relativo aos dois programas, conforme se verifica pelo quadro seguinte:

Dívidas Agrícolas

31

Securitização – posição em 03/01/2005
Quantidade de operações: 120.645

Linha de crédito	SEC 1				SEC 2			
Situação operação	Vincendas		Vencidas		Vincendas		Vencidas	
FAIXA	Qtde	Valor	Qtde	Valor	Qtde	Valor	Qtde	Valor
Até 15.000,00	2323	9.035.130	17.199	75.815.654	20757	136.731.984	6.277	36.969.501
De 15.000,01 a 50.000,00	477	13.061.664	6.573	191.965.378	19805	585.474.261	3.758	109.019.186
De 50.000,01 a 100.000,00	148	10.427.810	3.621	261.104.413	11083	791.050.816	2.118	153.361.846
De 100.000,01 a 200.000,00	77	11.043.671	3.324	472.571.054	7758	1.089.192.491	1.698	238.791.064
Acima de 200.000,00	38	16.285.346	4.743	2.725.142.484	7123	3.552.953.769	1.745	787.628.319
Total	3063	59.853.621	35.460	3.726.598.983	66526	6.155.403.321	15.596	1.325.769.916

PESA – posição em 30/11/2004
Quantidade de Operações: 8264

Linha de crédito	Banco do Brasil				Tesouro Nacional			
Situação operação	Vincendas		Vencidas		Vincendas		Vencidas	
FAIXA	Qtde	Valor	Qtde	Valor	Qtde	Valor	Qtde	Valor
Até 15.000,00	10	103.140	2	10.916	222	2.145.379	145	1.430.614
De 15.000,01 a 50.000,00	96	3.223.260	21	770.308	651	20.966.128	530	17.188.817
De 50.000,01 a 100.000,00	125	9.168.731	16	1.264.679	620	45.435.479	523	37.853.730
De 100.000,01 a 200.000,00	154	21.951.488	39	5.780.048	689	100.409.869	573	81.519.171
De 200.000,01 a 500.000,00	164	52.580.781	40	13.147.152	722	230.280.699	646	206.968.961
De 500.000,01 a 1.000.000,00	104	76.109.717	30	20.303.679	380	267.262.001	411	297.892.288
Acima de 1.000.000,00	176	582.613.812	33	161.323.398	481	3.124.217.974	661	3.891.511.559
Total	829	745.750.929	181	202.600.180	3765	3.790.717.529	3.489	4.534.365.140

Conclui-se de toda a exposição que somente a revisão do débito na origem, com a aplicação do princípio da eqüidade entre aqueles que renegociaram ao final dos programas, de forma mais benéfica, e os que o fizeram no início dos mesmos, poderá amenizar o problema do endividamento, pois resolvê-lo, após tantas medidas inadequadas, aliada a inexistência de política agrícola e a utilização de critérios de finanças bancárias, será muito difícil.

Dívidas Agrícolas

3. Possibilidade de revisão das operações bancárias liquidadas ou renegociadas com a devolução/compensação dos valores pagos indevidamente

A maior parte das dívidas alongadas por intermédio da Lei nº 9.138/95 tem sua origem em operações sucessivas, que ao longo do tempo eram liquidadas ou repactuadas através da emissão de um novo título de crédito, no qual estavam embutidos todos os encargos ilegais incidentes nas operações anteriores, estratégia esta utilizada pelo sistema financeiro para consagrar o indevido através do instituto da transação ou pelos efeitos do pagamento.

Em razão disso, o Conselho Monetário Nacional, ao regulamentar o exercício ao direito de alongamento pelo produtor rural, determinou que os cálculos para fins de apuração do valor devido retrocedessem à operação original, independentemente de ela ter sido renegociada ou quitada pela operação seguinte (operação *mata-mata*), conforme se verifica na Resolução 2.238, de 31 de janeiro de 1996:

Art. 1º Estabelecer as seguintes condições e procedimentos a serem observados na formalização das operações de alongamento de dívidas originárias de crédito rural, de que trata a Lei nº 9.138, de 29.11.95:

(...)

VIII – (...)

b) a revisão deve retroceder à operação original quando os saldos devedores passíveis de alongamento forem resultantes de operações cujos recursos tenham sido empregados na liquidação de dívidas anteriores;

Entretanto, é público e notório que as instituições não obedeceram a este critério, deixando de expurgar dos cálculos diversos índices expressamente afastados pelas normas que regem o alongamento das dívidas rurais, como os juros remuneratórios superiores a 12% ao ano e todo e qualquer encargo moratório, utilizando-se sempre, para apuração do débito do último instrumento vigente.

Nestes casos, é direito do produtor rural a revisão do valor alongado, adequando-o à legislação aplicável à espécie, mesmo após firmado o instrumento de alongamento.

Já decidiu o Superior Tribunal de Justiça[4] que "não se pode presumir, em face do art. 5º da Lei nº 9.138/95, que dispõe sobre o alongamento de dívidas rurais, a ocorrência de novação", de onde se conclui que a adesão ao alongamento não implica substituição da obrigação originária por uma nova.

Mas também aqueles que não aderiram ao alongamento previsto na Lei 9.138/95 e renegociaram seus débitos ao longo do tempo através de confissões de dívidas ou de novos títulos de crédito possuem o direito à revisão das operações originárias, a fim de afastar as ilegalidades que restaram embutidas nas renegociações.

Necessário salientar que este direito igualmente socorre os que simplesmente quitaram dívidas contaminadas por alguma ilegalidade, situação muito comum no crédito rural.

---

[4] STJ – 4ª Turma, Recurso Especial 166.328, Rel. Min. Sálvio de Figueiredo Teixeira, J. 16/03/1999, DJU 24/05/1999.

Neste ponto, já esclareceu o Ilustre Ministro Ruy Rosado de Aguiar Júnior[5] que "não existe no ordenamento jurídico nacional regra que determine a extinção do direito de promover a revisão judicial de cláusulas de contrato parcial ou integralmente cumprido, o que significaria limitar o exercício da defesa em juízo. O cumprimento de uma obrigação não é causa impeditiva de sua revisão judicial, pois o obrigado pode muito bem submeter-se à exigência extrajudicial para discutir em juízo os termos que lhe foram impostos".

Assim, se o cumprimento de uma obrigação não é causa impeditiva da sua revisão judicial, o não-cumprimento desta também não é requisito para a revisão. Neste sentido a decisão também proferida pela Excelsa Corte Superior:

Contratos bancários. Contrato de adesão. Revisão. Continuidade negocial. Contratos pagos.

O fato de o obrigado cumprir a sua prestação prevista em contrato de adesão não o impede de vir a Juízo discutir a legalidade da exigência feita e que ele, diante das circunstâncias, julgou mais conveniente cumprir. Se proibida a sua iniciativa, estará sendo instituída, como condição da ação no direito contratual, a de ser inadimplente, o que serviria de incentivo ao descumprimento dos contratos. Além disso, submeteria o devedor à alternativa de pagar e perder qualquer possibilidade de revisão, ou não pagar e se submeter às dificuldades que sabidamente decorrem da inadimplência. Recurso conhecido e provido.

(RESP 293778/RS, Rel. Ministro Ruy Rosado de Aguiar, Quarta Turma, julgado em 29.05.2001, DJ 20.08.2001, p. 474, RDR vol. 22 p. 357)

A solução não poderia ser diversa, visto que, muitas vezes, a única opção do devedor é pagar ou renegociar o valor apresentado pela instituição financeira, tendo em vista as conseqüências maléficas que inevitavelmente surgem com o inadimplemento.

Inexiste, portanto, qualquer voluntariedade por parte do devedor no pagamento ou na renegociação de

---

[5] STJ – 4ª Turma, Recurso Especial 205.532/RS, Rel. Min. Ruy Rosado de Aguiar Júnior, J. 22/06/99, DJ 23/08/1999.

Dívidas Agrícolas

contratos bancários, o que afasta o disposto no artigo 877[6] do Código Civil e dá pleno vigor ao artigo 876[7] do mesmo diploma, correspondentes aos artigos 964 e 965 do Código revogado, situação esta também já reconhecida pelo Superior Tribunal de Justiça:

(...)
4. O que recebeu o que não era devido deve restituir, sendo certo que se não pode considerar pagamento voluntário quando é *"efetuado para evitar possíveis constrangimentos"*.
(...)
VOTO
(...)
Mas, se o Banco recebeu o que não devia, o que recebeu a maior deve devolver, tal e qual determinado na sentença. Não tem sentido nenhum a parte ingressar com o pedido de revisão e não poder receber a diferença do que pagou a maior, cobrado indevidamente pelo credor, em matéria que envolve interpretação judicial questionada. A configuração do pagamento voluntário, por seu turno, não alcança a situação deste autos. De fato, não pagar o que é cobrado pela instituição financeira expõe a parte devedora ao risco de graves constrangimentos, tanto que para livrar-se do pagamento que entende a maior deve recorrer ao poder judiciário.
(...)
(RESP 187717/RS, Rel. Ministro Carlos Alberto Menezes Direito, Terceira Turma, julgado em 14.10.1999, DJ 06.12.1999, p. 85)

Com isto, as alegações das instituições financeiras de que não seria possível revisar contratos bancários renegociados foi de tal forma superada pelo Superior Tribunal de Justiça que a questão foi até mesmo sumulada pela Segunda Seção:

Súmula 286: A renegociação de contrato bancário ou a confissão da dívida não impede a possibilidade de discussão sobre eventuais ilegalidades dos contratos anteriores.

---

[6] Art. 877. Àquele que voluntariamente pagou o indevido incumbe a prova de tê-lo feito por erro.

[7] Art. 876. Todo aquele que recebeu o que lhe não era devido fica obrigado a restituir; obrigação que incumbe àquele que recebe dívida condicional antes de cumprida a condição.

A conclusão está de acordo com o artigo 169 do Código Civil, que expressamente determina que "o negócio jurídico nulo não é suscetível de confirmação, nem convalesce pelo decurso do tempo", motivo pelo qual eventual nulidade em um contrato bancário jamais pode ser convalidada por renegociação ou pagamento.

E nos termos do artigo 166, II, do Código Civil, é nulo o negócio jurídico quando ilícito for o seu objeto, determinação esta que já estava presente no Código Civil de 1916, nos artigos 145, 146 e 148, atingindo daí as cláusulas que estipulam obrigações ilícitas.

Portanto, mesmo a extinção da obrigação, seja pelo pagamento ou pela novação, não impede a sua revisão.

Além disso, em decorrência do princípio universal de direito que veda o enriquecimento ilícito, surge o dever do agente causador do dano de indenizar os prejuízos sofridos pelo lesado, conforme artigos 186[8] e 927[9] do Código Civil, correspondentes ao artigo 159 do antigo Código.

Com isso, declarado ilícito o ato praticado pelo credor quando da cobrança de encargos indevidos, obriga-se este a responder pelas perdas e danos daí decorrentes, sendo inequívoco que a primeira forma de reparação é a devolução do valor pago a maior, ou a compensação deste com eventual débito ainda existente.

Neste sentido, decisão do Superior Tribunal de Justiça:

(...)

IV – Segundo o ordenamento civil, quem recebe o que não lhe é devido tem o dever de restituir, em atenção ao princípio que veda o enriquecimento sem causa.

V – Reconhecida a ilegalidade de encargos previstos em contrato de adesão, cujas prestações são calculadas unilateralmente pelo

---

[8] Art. 186. Aquele que, por ação ou omissão voluntária, negligência ou imprudência, violar direito e causar dano a outrem, ainda que exclusivamente moral, comete ato ilícito.

[9] Art. 927. Aquele que, por ato ilícito (arts. 186 e 187), causar dano a outrem, fica obrigado a repará-lo.

Dívidas Agrícolas

39

credor, o atendimento do pedido de restituição de eventual saldo credor prescinde de prova do erro. (REsp 256125/RS, Rel. Ministro Sálvio de Figueiredo Teixeira, Quarta Turma, julgado em 13.09.2000, DJ 16.10.2000, p. 315)

O voto condutor do Eminente Relator, Ministro Sálvio de Figueiredo Teixeira, é elucidativo:

(...)

4. Quanto a repetição do indébito, conforme assinalou o acórdão impugnado, trata-se de medida imperativa, uma vez que, "se possível em caso de erro, com muito mais razão em caso de nulidade, que é vício mais grave e que deriva da cobrança de encargos abusivos e ilegais, devendo-se afastar a possibilidade de enriquecimento ilícito das partes.

Com efeito, dispõe o ordenamento civil que quem recebe o que não lhe é devido tem o dever de restituir. Preocupou-se o legislador com o enriquecimento sem causa, em inexistindo fundamento para o pagamento, não se tolerando o acréscimo indevido no patrimônio.

A repetição, *in casu*, é consectário lógico do reconhecimento judicial da ilegalidade dos valores cobrados e do acolhimento do pedido pode restituição do que foi pago a mais, em atenção ao princípio que veda o enriquecimento sem causa, prescindindo, pois, da prova do erro prevista no art. 965 do Código Civil.

Mas é certo que a mera devolução do valor pago a maior não serve para reparar de forma efetiva o dano causado ao mutuário, privado dos muitas vezes parcos recursos financeiros por vários anos em razão de um ato ilícito de uma instituição bilionária, motivo pelo qual a atualização do valor pago deve "remunerar adequadamente o lesado".[10]

Assim, a reparação deve ser ampla, cabendo também ao produtor buscar a indenização das conseqüências decorrentes da indisponibilidade do capital que lhe foi injustamente subtraído, bem como os danos morais advindos de todos os infortúnios que a execução lhe causou.

---

[10] RESP 401694/MG, Rel. Ministro Ruy Rosado de Aguiar, Quarta Turma, julgado em 14.05.2002, DJ 05.08.2002, p. 352.

4. Questões específicas incidentes a todos os débitos rurais – alongados ou não

4.1. Plano Collor

Em março de 1990, logo após sua posse, o Presidente Fernando Collor de Mello confiscou parte da poupança nacional, deixando os poupadores com apenas NCz$ 50.000,00 disponíveis, extinguindo o IPC e o BTN e aplicando índices de correção monetária diferenciados nas contas.

Neste mês, os preços mínimos dos produtos receberam reajuste pelo BTN, de 41,28%, mas os financiamentos agrícolas foram corrigidos pelo IPC, de 84,32%, ocasionando uma brutal ruptura na base contratual. Com fundamento no art. 6º da Lei 8.088/90, os bancos ainda tentaram a cobrança de um índice de correção de 74,6%, ainda muito acima do percentual em que foram reajustados os preços mínimos dos produtos agrícolas.

Entretanto, a Segunda Seção do Superior Tribunal de Justiça decidiu pela ilegalidade da aplicação do IPC nos contratos agrícolas que previam a correção pela poupança:

Crédito rural. Correção monetária. Capitalização dos juros.
Em relação ao mês de março de 1990, a divida resultante de financiamento rural com recursos captados de depósitos em pou-

pança deve ser atualizada segundo o índice de variação do BTNF.

Ante o atrelamento contratual, e injustificável aplicar-se o IPC, para a atualização da divida, se os depósitos em poupança, fonte do financiamento, foram corrigidos por aquele Índice. (...) Recurso conhecido em parte e, nessa parte, provido. (RESP 47186/RS, Rel. Ministro Paulo Costa Leite, Segunda Seção, julgado em 25.10.1995, DJ 04.12.1995 p. 42074, REVJUR vol. 220 p. 46, RSTJ vol. 79, p. 155)

A partir de então restou pacificada a questão, consagrando-se a variação do BTN como índice de correção monetária nos mês de março de 1990, no caso do crédito rural:

PROCESSUAL CIVIL. MÚTUO RURAL. REAJUSTE. MARÇO DE 1990 (41,28%). SÚMULA N. 83/STJ. Mantido pelas duas turmas componentes da 2ª Seção, mesmo após o julgamento do REsp n. 189.166/SP, o reajuste, em março de 1990, de 41,28% para o mútuo rural, é de negar-se curso ao recurso especial que debate tal questão. "Não se conhece do recurso especial pela divergência, quando a orientação do Tribunal se firmou no mesmo sentido da decisão recorrida" – Súmula n. 83-STJ. Ressalva do ponto de vista do relator quanto ao índice eleito nos precedentes. Agravo improvido. (AgRg no AG 365517/PR, Rel. Ministro Aldir Passarinho Junior, Quarta Turma, julgado em 18.10.2001, DJ 18.02.2002, p. 462)

Ocorre que para adesão ao alongamento previsto pela Lei 9.138/95, o débito deveria ser atualizado pelos encargos financeiros previstos no contrato original, até a data do vencimento, e, após, pelo índice de remuneração dos depósitos de poupança (art. 1º, IV, da Resolução/CMN 2.238/95 e art. 2º, I, da Resolução/CMN 2.471/98).

Em função desta previsão, não só nos contratos liquidados foi embutido o Plano Collor, mas todos os produtores que aderiram à securitização, e os primeiros que aderiram ao PESA tiveram que incluir nas suas contas a correção monetária pelo IPC em março de 1990, sob pena de serem impedidos de exercer o direito ao alongamento.

42   *Ricardo Barbosa Alfonsin*

Ao final das negociações, em 2003, dito diferencial já era espontaneamente excluído pelo Banco do Brasil das contas gráficas, tendo em vista as permanentes derrotas judiciais que vinha sofrendo, entretanto, na grande massa de negociações ele ficou embutido e é um dos fatores preponderantes no inchaço das contas que resulta na inviabilidade do cumprimento das renegociações.

Desta forma, nos contratos agrícolas que previam a correção pela poupança é absolutamente ilegal a exigência de correção monetária superior a 41,28% no mês de março de 1990.

4.2. Os juros remuneratórios

Também é absolutamente pacífico o entendimento no Superior Tribunal de Justiça quanto à impossibilidade da cobrança de juros remuneratórios acima da taxa legal de 12% ao ano nas cédulas rurais, comerciais e industriais.

Isto porque ao Conselho Monetário Nacional compete a fixação das taxas de juros aplicáveis aos títulos de crédito rural, comercial e industrial, conforme exige o artigo 5°, *caput*, do Decreto-Lei n° 167/67:

> Art. 5º As importâncias fornecidas pelo financiador vencerão juros as taxas que o Conselho Monetário Nacional fixar e serão exigíveis em 30 de junho e 31 de dezembro ou no vencimento das prestações, se assim acordado entre as partes; no vencimento do título e na liquidação, por outra forma que vier a ser determinada por aquele Conselho, podendo o financiador, nas datas previstas, capitalizar tais encargos na conta vinculada a operação.

Omitindo-se o Conselho Monetário Nacional nessa fixação, aplica-se a regra geral do artigo 1° do Decreto n° 22.626 (Lei de Usura), afastada a incidência da Súmula n° 596 do Superior Tribunal de Justiça, porquanto se dirige à Lei n° 4.595/64, que foi ultrapassada, no particu-

Dívidas Agrícolas **43**

lar, pelos diplomas legais especiais e mais modernos e específicos, de 1967 (crédito rural), 1969 (crédito industrial) e 1980 (crédito comercial).

Este entendimento foi pacificado em relação ao crédito rural através do julgamento do Recurso Especial nº 111.881-RS, pela 2ª Seção do Superior Tribunal de Justiça:

> Crédito rural. Limitação da taxa de juros. Correção monetária no mês de março/90. Precedentes da Corte.
> 1. O Decreto-lei nº 167/67, art. 5º, posterior à Lei nº 4.595/64 e específica para as cédulas de crédito rural, confere ao Conselho Monetário Nacional o dever de fixar os juros a serem praticados. Ante a eventual omissão desse órgão governamental, incide a limitação de 12% ao ano prevista na Lei de Usura (Decreto nº 22.626/33), não alcançando a cédula de crédito rural o entendimento jurisprudencial consolidado na Súmula 596-STF.
> (RESP 111881/RS, Rel. Ministro Carlos Alberto Menezes Direito, Segunda Seção, julgado em 26.11.1997, DJ 16.02.1998, p. 19)

A posição permanece sem discrepância na Corte Superior:

> Direito Civil e Comercial. Cédula Rural. Limite da taxa de juros. Dissídio jurisprudencial demonstrado.
> I – Em casos excepcionais definidos em lei, como o crédito rural, aplica-se o limite de juros de 12% a.a. estabelecido na Lei de Usura.
> II – Agravo regimental desprovido.
> (AgRg no AG 450105/RS, Rel. Ministro Antônio de Pádua Ribeiro, Terceira Turma, julgado em 20.09.2004, DJ 22.11.2004 p. 331)

Entretanto, se considerarmos as renegociações e as operações *mata-mata*, em que saldos passados ficavam consagrados, verificaremos que houve significativa incidência de juros de toda a ordem no montante utilizado para alongar as dívidas, chegando a absurdos como os verificados na antes referida CPMI do Endividamento Agrícola, como taxas de inadimplência de 17% ao mês mais índices da poupança, o que levou o Presidente do Banco do Brasil à época, Alcir Calliari, a declarar perante a comissão que com estes juros aplicados ao crédito rural, nem plantando maconha irrigada a conta seria paga.

O fato é que, embora isso, estes encargos absurdos seguem engordando boa parte dos saldos renegociados, em que pesem os juros remuneratórios nas operações de crédito rural estejam limitados a 12% ao ano.

4.3. A capitalização de juros

A ilegalidade das imposições dos bancos em relação à capitalização de juros não decorre propriamente da estipulação contratual, que nada cogita acerca de capitalização de juros, em qualquer período que seja, mas da prática do anatocismo sem que esteja contratado.

Na cláusula padrão das operações de crédito rural, relativamente aos encargos financeiros devidos, consta redação no sentido de débito mensal de juros pelo método hamburguês, nada se referindo à capitalização mensal.

Ocorre que a Súmula 93/STJ autoriza a capitalização nas cédulas de crédito rural, mas esta deve ser claramente contratada, como reiteradamente tem entendido o Superior Tribunal de Justiça, não se podendo inferir da estipulação de *débito mensal de juros pelo método hamburguês* que esteja autorizada a capitalização, como se vê da decisão que segue:

Crédito rural. Juros. Capitalização mensal. Súmula n.º 93. Método hamburguês.
I – A capitalização mensal dos juros no crédito rural somente é permitida quando expressamente pactuada, sendo insuficiente a referência ao método hamburguês.
II – Agravo regimental desprovido.
(AgRg no RESP 263.540/PR, Rel. Ministro Antônio de Pádua Ribeiro, Terceira Turma, julgado em 29.10.2003, DJ 24.11.2003, p. 299)

Dívidas Agrícolas   **45**

A matéria relativa à capitalização de juros ganha importância porque não só nos contratos liquidados existe a ilegalidade, mas também naqueles que compuseram diretamente a securitização. Neste ponto, deveriam ter sido expurgados do cálculo "os valores relativos à capitalização de juros em desacordo com o disposto no Decreto-lei nº 167, de 14.02.67, ou em outra norma legalmente estabelecida" (art. 1º, VI, *a*, da Resolução/CMN 2.238/96), o que não ocorreu.

Por estas razões, verifica-se a ausência de contratação de capitalização nas cláusulas que simplesmente estipulem débito mensal de juros pelo método hamburguês (que de capitalização nada tratam), em razão do que os juros não podem ser capitalizados.

4.4. A exclusão dos encargos moratórios – a configuração da mora do credor

Os normativos que regularam o alongamento pela Lei 9.138/95 determinaram expressamente a exclusão dos encargos moratórios (art. 1º, VI, *b*, da Resolução/CMN 2.238/96 e art. 2º, I, *b*, da Resolução/CMN 2.471/98) do valor a ser alongado.

Tal disposição está de acordo com o artigo 396[11] do Código Civil, correspondente ao artigo 963 do Código Civil de 1916, tendo em vista que não se pode imputar ao devedor as penas do inadimplemento quando o credor exige valores superiores ao legalmente devido, tratando-se, neste caso, de *mora creditoris* pelo não-recebimento da importância correta.

O Superior Tribunal de Justiça vem decidindo no sentido de que não está em mora que se nega a pagar o indevido, tendo pacificado a questão através da seguinte decisão:

---

[11] Art. 396. Não havendo fato ou omissão imputável ao devedor, não incorre este em mora.

Mora. Multa. Cobrança do indevido. Crédito Rural.
– Considera-se indevida a multa uma vez que se reconheceu ter o devedor motivo para não efetuar o pagamento nos termos pretendidos. Art. 71 do DL 167/67.
– Embargos rejeitados.
(ERESP 163884/RS, Rel. Ministro Barros Monteiro, Rel. p/ Acórdão Ministro Ruy Rosado de Aguiar, Segunda Seção, julgado em 23.05.2001, DJ 24.09.2001, p. 234)

Este entendimento se mantém, com o afastamento da mora do devedor quando se mostram ilegais as cláusulas contratuais:

Agravo. Recurso especial. Cédula de crédito industrial. Encargos excessivos. Ausência de mora. Multa indevida.
1. Na linha da jurisprudência firmada na Segunda Seção deste Tribunal, a multa moratória não é devida quando demonstrada a cobrança de encargos abusivos e ilegais por parte do credor, instituição financeira, fato que justifica a inadimplência.
2. Agravo desprovido.
(AgRg no RESP 567900/RS, Rel. Ministro Carlos Alberto Menezes Direito, Terceira Turma, julgado em 24.08.2004, DJ 11.10.2004, p. 318)

Nestes termos, não há mora quando o credor cobra valores superiores ao legalmente devido.

4.4.1. Os juros moratórios e a multa

De qualquer modo, necessário que se diga que a taxa de juros moratórios nas cédulas de créditos rural, comercial e industrial deve ficar limitada à elevação em 1% ao ano, conforme entendimento absolutamente pacífico do Superior Tribunal de Justiça.

O fundamento legal está no artigo 5º, parágrafo único do Decreto-Lei nº 167/67, que rege as cédulas rurais:

Art. 5º (...)
Parágrafo único. Em caso de mora, a taxa de juros constante da cédula será elevável de 1% (um por cento) ao ano.

Diz a jurisprudência do Superior Tribunal de Justiça:

Dívidas Agrícolas

47

Cédula de crédito industrial. Juros. Elevação em casos de inadimplemento do devedor. Comissão de permanência.

– Na hipótese de mora do devedor, os juros serão eleváveis em apenas 1% ao ano (art. 5º, parágrafo único, do Decreto-Lei nº 167, de 14.2.1967).

Recurso especial conhecido e provido. (RESP 171.533/GO, Rel. Ministro Barros Monteiro, Quarta Turma, julgado em 09.09.2003, DJ 17.11.2003, p. 327)

Assim, a previsão contratual de encargos moratórios acima de 1% ao ano é manifestamente ilegal, viola limitação legislativa expressa, contida em lei imperativa, resultando disso a nulidade absoluta da cláusula respectiva.

Este aspecto, como já se disse antes, foi determinante no inchaço dos saldos, uma vez que, além do exemplo já citado de juros moratórios de até 17% ao mês em outros casos foi aplicada a Taxa ANBID, vedada pela Súmula 176/STJ, e a comissão de permanência, também vedada pelo Superior Tribunal de Justiça:

Agravo Regimental. REsp. Cédula rural. Nota de crédito rural. Comissão de permanência. Inadmissível. PRECEDENTES.

– Não é lícita a cobrança de comissão de permanência nas cédulas de crédito rural.

– Jurisprudência pacífica.

(AgRg no RESP 494235/MS, Rel. Ministro Humberto Gomes de Barros, Terceira Turma, julgado em 18.05.2004, DJ 07.06.2004, p. 219

Portanto, é ilícita a cláusula que prevê incidência de outros encargos que não os juros de 1% ao ano sobre a taxa remuneratória, limitada a 12% ao ano.

4.5. PROAGRO

Quanto à cobrança do PROAGRO, é prática comum dos bancos o lançamento da parcela correspondente ao seguro juntamente com o valor do financiamento, recebendo, a partir de então, mês a mês, os acréscimos do contrato.

Entretanto, no curso do prazo contratual, muitas vezes outros lançamentos a título de PROAGRO são feitos na conta dos mutuários, o que é absolutamente ilícito, pois se o valor foi debitado integralmente no início da contratação e sobre ele incidiram todas as taxas de remuneração, nada mais deve ser cobrado a este título, sob pena de verificar-se *bis in idem*. Neste sentido, já decidiu o Superior Tribunal de Justiça que "a cobrança do PROAGRO só pode ser feita uma única vez".[12]

Por outro lado, o prêmio do PROAGRO muitas vezes ultrapassa a taxa de 1%, contrariando o art. 2º da Lei nº 5.969/73, que definiu que "o PROAGRO será custeado (...) pelos recursos provenientes do adicional de até 1% (um por cento) ao ano, calculado juntamente com os juros, sobre os empréstimos de custeio e investimento."

4.6. A desvalorização da moeda nacional

Em janeiro de 1999, o Banco Central do Brasil decretou, por mero Comunicado assinado pelo Diretor de Assuntos Internacionais, sem o necessário respaldo do Conselho Monetário e do Congresso Nacional, que deixaria o mercado definir a taxa de câmbio, extinguindo o então vigente sistema de bandas e revogando toda a legislação de proteção da estabilidade do Real e a própria legislação do Sistema Financeiro Nacional.

Com isso, ocorreu uma imensa desvalorização do Real em frente ao dólar, quando em menos de 30 dias a cotação da moeda norte-americana passou de R$ 1,32 para mais de R$ 2,00, gerando grande impacto na eleva-

---

[12] STJ-4ª Turma, RESP 314.517/RS, Rel. Ministro Aldir Passarinho Júnior, julgado em 17.05.2001, DJ 20.08.2001.

Dívidas Agrícolas **49**

ção do saldo devedor dos produtores que possuíam financiamento corrigido pela variação cambial. Considerando o brutal acréscimo no valor da obrigação, na ordem de 65% em apenas um mês, quando a inflação no mesmo período foi de menos de 1% (IGPM: 0,89%, TR: 0,51%), resulta inequívoco que o fato superveniente tornou excessivamente onerosa a cláusula contratual que estabelece a obrigação de pagamento pela cotação da moeda estrangeira do dia do vencimento da prestação.

Em razão disso, a teoria do *rebus sic stantibus*, que na sua melhor versão, idealizada por Larentz, é conhecida como a *teoria da alteração da base contratual* (*A Base do Negócio Jurídico e o Cumprimento das Obrigações*), autoriza a revisão da obrigação assumida pelos produtores.

Nos termos deste princípio contratual, a modificação drástica das circunstâncias fáticas (ambiente objetivo) encontradas à data da celebração do contrato em relação àquelas verificadas à data de seu adimplemento, quando acarretem onerosidade excessiva às obrigações de uma das partes, autoriza a revisão, com vistas ao restabelecimento da vontade contratual original.

Para a implementação das condições que tipificam a *teoria da alteração da base contratual*, basta a verificação da alteração em si, desimportando sua *previsibilidade*, conforme acentua o eminente Ministro do STJ Ruy Rosado de Aguiar Jr., enquanto ainda Desembargador do Egrégio TJRS:

> (...) não cabe perquirir da previsibilidade do fenômeno inflacionário, porque não me atenho a teoria da imprevisão, mas sim ao preceituado pela teoria da base do negócio jurídico, perfeitamente compatível com o nosso sistema jurídico, onde a imprevisibilidade do fato futuro não é requisito para a revisão do contrato ...
> (Apelação Cível nº 588059113, Quinta Câmara Cível TJRS)

No caso concreto, o entendimento do Superior Tribunal de Justiça foi no sentido de admitir a revisão do pacto para restabelecimento do ambiente objetivo à época da contratação, dividindo as perdas e estabelecendo uma cotação média:

Recurso especial. Contrato de financiamento. Variação cambial. Dólar Norte-Americano. Onerosidade excessiva. Reajuste por metade. Este Superior Tribunal, em julgado da Segunda Seção, firmou entendimento no sentido de dividir por metade as diferenças resultantes da maxidesvalorização do real, ocorrida em janeiro de 1999. Recurso especial provido. (RESP 618841/SP, Rel. Ministro Castro Filho, Terceira Turma, julgado em 17.06.2004, DJ 01.07.2004, p. 194)

Não obstante, até mesmo com base na *imprevisão* verificar-se-ia plausível a revisão, na medida em que o fato macroeconômico que a justifica surpreendeu a tudo e a todos, especialistas ou não, contrariando princípios econômicos que vinham sendo pregados como dogmas imutáveis pelas autoridades governamentais desde a implantação do Plano Real, até poucas horas antes da inusitada e errante decisão de liberar o câmbio.

De qualquer forma, sendo desnecessário cogitar-se da imprevisão, mostra-se indiscutível o direito do produtor em ver revista obrigação que lhe torna excessivamente onerosa a prestação contratual, motivo pelo qual mostra-se cabível a substituição da variação cambial por outro índice de correção monetária que mantenha a comutatividade das obrigações.

Dívidas Agrícolas

5. Questões referentes aos débitos alongados

5.1. Falta de financiamento aos agricultores que aderiram ao alongamento e o aviltamento dos preços dos produtos agrícolas – impossibilidade de gerar renda para pagamento da prestação

Face à importância da atividade rural à Nação, foram incluídos na Constituição Federal diversos princípios de proteção que, na realidade, já de longa data haviam sido contemplados pelo sistema legislativo brasileiro:[13]

Art. 187. A política agrícola será planejada e executada na forma da lei, com a participação efetiva do setor de produção, envolvendo produtores e trabalhadores rurais, bem como dos setores de comercialização, de armazenagem e de transportes, levando em conta, especialmente:
I – os instrumentos creditícios e fiscais;
II – os preços compatíveis com os custos de produção e a garantia de comercialização;
(...)
V – o seguro agrícola;

---

[13] Lei 4.504/64, Lei 4.829/65, DL 79/66, D 58.360/66, DL 167/67, entre outras.

Dívidas Agrícolas   **53**

Em regulamentação à Norma Constitucional, foi editada a Lei nº 8.171, de 17 de janeiro de 1991 (Lei Agrícola), que, em seu art. 2º consagra o seguinte:

Art. 2º A política agrícola fundamenta-se nos seguintes pressupostos:

(...)

III – Como atividade econômica, a agricultura deve proporcionar, aos que a ela se dediquem, rentabilidade compatível com a de outros setores da economia;

No tocante à necessária garantia de preços mínimos suficientes para garantir a rentabilidade da atividade rural, a chamada Política de Garantia de Preços Mínimos (PGPM), a citada Lei 8.171/91 já dizia:

Art. 31. O Poder Público formará, localizará adequadamente e manterá estoques reguladores e estratégicos, visando garantir a compra do produtor, na forma da lei, assegurar o abastecimento e regular o preço do mercado interno.

(...)

§ 5º A formação e a liberação destes estoques obedecerão regras pautadas no princípio da menor interferência na livre comercialização privada, observando-se prazos e procedimentos preestabelecidos e de amplo conhecimento público, sem ferir a margem mínima do ganho real do produtor rural, assentada em custos de produção atualizados e produtividades médias históricas.

Neste contexto, a geração de renda suficiente ao pagamento das responsabilidades assumidas constitui-se pressuposto inarredável para a viabilidade do programa de alongamento instituído pela Lei 9.138/95, englobando tanto a necessidade de financiamento da atividade quanto a garantia de preços compatíveis com os custos de produção.

Entretanto, esta situação não se concretizou, tendo em vista que os agricultores que aderiram ao alongamento não foram contemplados com financiamento oficial nem tiveram garantidos aos seus produtos preços mínimos suficientes à geração de caixa que permitisse o pagamento do débito alongado.

A União, ciente do problema, prorrogou o pagamento da parcela da securitização que venceria em 31/10/1997 para aqueles que tiveram dificuldade na comercialização da safra ou não receberam financiamento de custeio na safra anterior, entre outros motivos, conforme Resolução/CMN 2.433/97:

Art. 4º Desde que fique comprovada a incapacidade justificada de pagamento do mutuário, é devida, nos termos do MCR 2-6-9, a prorrogação, parcial ou integral, da parcela da dívida de crédito rural alongada nos termos da Lei nº 9.138/95 e normativos complementares divulgados pelo Banco Central do Brasil, vencível em 31.10.97, independentemente da fonte original dos recursos, mediante exame caso a caso, observadas as seguintes condições:
I – considerar-se-á justificada a incapacidade de pagamento, devidamente comprovada, quando decorrente de uma das seguintes razões:
a) dificuldade de comercialização dos produtos, frustração de safras por fatores adversos ou eventuais ocorrências prejudiciais ao desenvolvimento das explorações, consideradas para efeito de pagamento da parcela objeto de prorrogação; ou
b) não recebimento de financiamento de custeio da safra 96/97;

Além disso, no artigo 3° da referida norma, determinou que "a instituição financeira deve adotar as providências necessárias à continuidade da assistência creditícia a mutuários contemplados com o alongamento, quando imprescindível ao desenvolvimento de suas explorações, inclusive quanto à possibilidade de extinção de processos judiciais".

O mesmo direito foi concedido no ano seguinte, através da Resolução/CMN 2.566, em que pese a redação não tenha sido explícita no tocante ao aviltamento dos preços ou à falta de financiamento:

Art. 1º Estabelecer que é devida a prorrogação, parcial ou integral, da parcela da dívida de crédito rural alongada nos termos da Lei nº 9.138/95 e normativos complementares divulgados pelo Banco Central do Brasil, vencida em 31.10.98, desde que comprovada a incapacidade justificada de pagamento do mutuário, mediante

Dívidas Agrícolas

exame caso a caso e independentemente da fonte original dos recursos.

§ 1º Considerar-se-á justificada a incapacidade de pagamento do mutuário quando decorrente de frustração de safras por fatores adversos ou de eventuais ocorrências prejudiciais ao desenvolvimento das explorações, consideradas para efeito de pagamento da parcela objeto da prorrogação.

E para consagrar acesso ao financiamento como direito de todo o produtor que alongou seu débito, a Lei 9.866/99 acrescentou o § 6º-D ao artigo 5º da Lei 9.138/95, com a seguinte redação:

§ 6º-D. Dentro dos seus procedimentos bancários, os agentes financeiros devem adotar as providências necessárias à continuidade da assistência creditícia a mutuários contemplados com o alongamento de que trata esta Lei, quando imprescindível ao desenvolvimento de suas explorações.

A partir desta norma, o Conselho Monetário Nacional editou a Resolução 2.666/99, que diz o seguinte, neste ponto:

Art. 7º As instituições financeiras, observados os procedimentos bancários, devem adotar as providências necessárias à continuidade da assistência creditícias aos mutuários beneficiados pelas medidas estabelecidas nesta Resolução, quando imprescindível ao desenvolvimento de suas explorações e geração de receitas para honrar os compromissos assumidos.

Portanto, não tendo sido disponibilizados ao produtor os meios necessários para a geração de renda suficientes ao pagamento de suas obrigações, através do financiamento para o custeio da atividade agrícola e da garantia de preços compatíveis com os custos de produção, torna-se indevida a cobrança dos débitos objeto do alongamento pois, conforme preceitua o artigo 476 do Código Civil, "nos contratos bilaterais, nenhum dos contratantes, antes de cumprida a sua obrigação, pode exigir o implemento da do outro".

5.2. O excesso de garantias no débito alongado

No tocante às garantias necessárias para o exercício ao direito de securitização da dívida, o artigo 5°, § 5°, VI, da Lei 9.138/95 define o seguinte:

> Art. 5º (...)
> § 5º Os saldos devedores apurados, que se enquadrem no limite de alongamento previsto no § 3º, terão seus vencimentos alongados pelo prazo mínimo de sete anos, observadas as seguintes condições:
> (...)
> VI – caberá ao mutuário oferecer as garantias usuais das operações de crédito rural, sendo vedada a exigência, pelo agente financeiro, de apresentação de garantias adicionais, liberando-se aquelas que excederem os valores regulamentares do crédito rural;

Portanto, o objetivo da lei era diminuir o comprometimento do patrimônio dos produtores rurais com a garantia da dívida, vedando expressamente a exigência de garantias adicionais e prevendo a liberação daquelas que excediam os valores regulamentares do crédito rural.

Em relação ao PESA, a garantia prevista na Resolução/CMN 2.471 para o principal da dívida alongada são os próprios títulos emitidos pelo Tesouro Nacional:

> Art. 3º A renegociação de que trata esta Resolução será efetivada com observância das seguintes condições especiais:
> (...)
> IV – garantias:
> a) do principal: cessão, sob condição resolutiva, dos títulos emitidos pelo Tesouro Nacional, tipificados no anexo desta Resolução, os quais devem permanecer bloqueados enquanto constituírem garantia da operação e não houver manifestação do Tesouro Nacional acerca do exercício da opção de recompra;

No que tange aos juros, de outro lado, como se pode ver da referida Resolução (art. 3°, IV, *b*), deveriam ser prestadas garantias equivalentes a 50% do valor do principal renegociado:

Dívidas Agrícolas

b) dos juros: as usuais do crédito rural, na proporção de 50% (cinqüenta por cento) do valor do principal renegociado, admitindo-se obrigações federais registradas em sistemas centralizados de liquidação e custodia;

Todavia, os bancos exigiram garantias muito mais elevadas do que o previsto na Lei 9.138/95 e na Resolução/CMN 2.471/98, sempre procurando reforçar as já existentes em vez de permitir a liberação de bens, conforme determinado pelas normas reguladoras do alongamento.

Em razão disto, a grande maioria dos devedores comprometeu integralmente o patrimônio com a dívida alongada, exigência esta que contribuiu muito para impedir o acesso destes ao crédito rural oficial ou a qualquer outro tipo de linha de crédito, ante a ausência de bens livres para lastrear novos financiamentos.

Assim, também este ponto prejudicou a geração de renda para o pagamento das prestações, pois obrigou o produtor a buscar alternativas mais onerosas de crédito, como a venda antecipada de produto ou a compra de insumos para pagamento na safra, quando normalmente os preços agrícolas estão mais baixos.

Deste modo, é direito do produtor a redução da garantia aos níveis previstos na legislação, excluindo-se o excedente, nos termos do art. 5º, § 5º, VI da Lei 9.138/95 e Resolução/CMN 2.471/98, art. 3º, IV, *b*.

5.3. Os efeitos da correção pelo IGP-M no PESA – ausência de isonomia e equidade

Como já dito, os débitos agrícolas alongados nos termos da Resolução/CMN 2.471/98 sofrem atualização monetária pelo IGP-M, que tem como fator preponderante para a sua apuração índices alheios à realidade agrícola, tendo influência forte a flutuação cambial.

Ocorre que, a partir de janeiro de 1999, época em que se intensificou a adesão ao PESA, surgiu um fato novo: a brusca e grave desvalorização da moeda nacional frente ao dólar americano. Essa modificação inviabilizou o pagamento das dívidas em moeda estrangeira, de que é exemplo a contratação de *leasing* com cláusula cambial. Para esses contratos, os tribunais do país decidiram pela sua modificação no ponto relativo à correção monetária, a fim de evitar que o fato novo e imprevisível inviabilizasse o seu cumprimento. A alteração da política cambial teve o mesmo efeito devastador sobre os demais contratos renegociados com cláusula de correção pelo IGP-M, sendo que tal circunstância criou uma situação de extrema dificuldade para o pagamento das dívidas que devessem ser corrigidas pelo IGP-M, asfixiando o devedor. Basta ver o quadro abaixo, pelo qual se constata a diferença resultante da aplicação de outros índices de atualização sobre a mesma dívida:

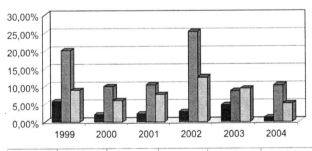

Comparativo Índices de Inflação

	1999	2000	2001	2002	2003	2004
■ TR	5,73%	2,07%	2,27%	2,83%	4,67%	1,19%
▣ IGP-M	20,10%	9,95%	10,37%	25,30%	8,69%	10,26%
▢ IPC-A	8,94%	5,97%	7,67%	12,53%	9,30%	5,14%

Dívidas Agrícolas

O Índice Geral de Preços do Mercado – IGP-M –, índice escolhido para a atualização monetária, tem sua composição definida por integração de três índices: Índice de Preços no Atacado – IPA (60%) –, Índice de Preços ao Consumidor – IPC (30%) – e Índice Nacional de Custo da Construção – INCC (10%).

O maior percentual corresponde ao índice que engloba preços praticados no mercado atacadista, diretamente vinculado ao mercado externo e, portanto, dependente da variação cambial.

A acentuada discrepância entre o IGP e os demais índices ficou assim explicada pelo jornalista Jorge Okubaro, editorialista do "Jornal da Tarde":

> Não é difícil entender por que o IGP se afastou tanto dos demais índices de preços. Na composição do IGP, os preços no atacado respondem por nada menos do que 60% do total; já os preços ao consumidor têm peso equivalente a 30%; os 10% restantes cabem aos preços da construção. Por dar tanta importância aos preços no atacado, o IGP é forte e quase imediatamente influenciado pela taxa de câmbio... Em períodos de grandes turbulências no mercado cambial, a disparidade entre o IGP e os demais índices aflora com maior vigor quanto mais intensa a aceleração do dólar.

Ocorre que os agricultores que se preocuparam em acertar suas contas e compor a situação junto às instituições bancárias logo no início do PESA ficaram submetidos à atualização dos seus débitos pelo IGP-M desde a contratação, com os resultados já demonstrados no gráfico antes reproduzido.

Ao inverso, os inadimplentes que não renegociaram a dívida nos termos da Lei 9.138/95, para os quais foi reaberto o prazo até setembro de 2003, nos termos da Resolução/CMN 3.078, puderam recompor os débitos – inclusive os referentes ao período abrangido pelo PESA – com correção monetária pela TR, sabidamente inferior.

Assim, a manutenção do IGP-M para aqueles que aderiram ao PESA no início seria dispensar tratamento desigual e injusto: enquanto os devedores que renegociaram por último dívidas abrangentes do mesmo período, o fazem em condições facilitadas, com correção pela TR, estes, que se mostraram diligentes e procuraram compor o débito pelo PESA, logo no seu lançamento, estão agora sendo punidos com índice maior de correção. E a diferença é substancial, pois a adoção do IGP-M significa elevação da dívida em quase 100% no período, enquanto para os retardatários o índice de atualização fica muito aquém disto, pois a variação da TR atingiu menos de 40% no período.

Como já dissemos, a própria União reconheceu que a incidência do IGP-M sobre o débito alongado era abusiva e no final de 2001 procurou equacionar a situação, editando a Medida Provisória nº 9 e a Resolução/CMN nº 2.919, que determinou que a correção monetária pelo IGP-M ficasse limitada a 9,5% a.a.

Cabe lembrar mais uma vez que quando da edição da Lei nº 10.646, em 28/03/03, modificou-se a forma de cálculo dos encargos incidentes sobre a dívida, motivo pelo qual foi editada a Resolução/CMN 3.080/03, ficando limitada correção em 0,759% ao mês, e não mais a 9,5% ao ano.

Todavia, esta limitação alcançou somente aqueles que estavam com as parcelas em dia ou que renegociassem o valor atrasado, inicialmente mediante o pagamento à vista e, posteriormente, através do chamado Pesinha.

E mais. Para os novos contratos de renegociação, que poderiam ser firmados até setembro/2003, os cálculos usados pelo Banco do Brasil já atendiam aos critérios aceitos pelo Superior Tribunal de Justiça relativamente ao crédito rural, mais favoráveis aos devedores. Isto é, os retardatários tiveram, além de correção menor, também juros remuneratórios no quantitativo de 12% ao ano e, em abril de 1990, a correção calculada pelo BTN e os cálculos passaram a retroceder a origem dos débitos.

Dívidas Agrícolas   **61**

Daí se vê que a permanência do IGP-M no cálculo da dívida daqueles que se mostraram diligentes, se constitui hoje em ônus que não recai sobre aqueles devedores que apenas no ano de 2003 cuidaram da renegociação.

Inequivocamente, a União Federal concedeu tratamento desigual aos produtores que estavam em uma mesma situação, em flagrante desrespeito aos princípios da isonomia e da eqüidade, consagrados pela premissa constitucional de que "todos são iguais perante a lei, sem distinção de qualquer natureza", conforme artigo 5º, *caput*.

Assim, somente o afastamento do IGP-M, ou a sua limitação, pode corrigir esta distorção, conferindo tratamento igualitário aos produtores que renegociaram os seus débitos pela Lei 9.138/95.

5.4. Redução dos encargos através da concessão de bônus de adimplência – exclusão do produtor em caso de atraso no pagamento

Conforme colocado anteriormente, o Governo Federal reconheceu expressamente a impossibilidade de pagamento do débito alongado, pelos motivos também já expostos, o que levou à concessão de diversos bônus, através de descontos e limitações, para reduzir o valor da prestação.

No caso da securitização, o pagamento em dia implica a isenção da variação do preço do produto (art. 1º, V, *b*, da Resolução/CMN 2.902/01) e um desconto de 15% a 30% do valor da prestação (art. 1º, III, da Resolução/CMN 2.666/99).

No PESA, o bônus de adimplência é ainda maior, com desconto de 5 pontos percentuais nos juros que originalmente eram de 8%, 9% e 10% a ano (art. 2º, I, *a*, da Resolução/CMN 2.919/01), o que por si só representa uma diminuição de pelo menos 50% no valor da prestação. Além disso, a correção monetária pelo IGP-M é limitada a 0,759% ao mês (art. 1º da Resolução/CMN 3.080/03).

Ocorre que eventual atraso no pagamento da prestação implica a perda de todos os bônus, descontos, isenções e limitações concedidas, além da incidência dos encargos moratórios previstos no contrato.

Necessário lembrar que não está em mora quem se nega a pagar o indevido, conforme explicado anteriormente, mas mesmo nos casos em que o cálculo da prestação foi feita de forma correta mostra-se abusiva a cláusula que autoriza a elevação dos encargos.

No caso do exemplo dado anteriormente, de um agricultor com um PESA de R$ 500.000,00, supondo-se que a contratação tenha ocorrido em 01/01/2002, a primeira prestação seria de R$ 15.985,10 com o bônus (juros de 3% ao ano e correção limitada a 0,759% ao mês), e de R$ 50.121,54 sem o mesmo bônus (juros de 8% ao ano e correção monetária de 25,3% no período), além da incidência da correção cheia pela comissão de permanência ou Selic.

Portanto, o aumento em razão do atraso pode ser superior a 200% do valor da prestação, equivalente a uma multa moratória somente comparável à voracidade do crédito tributário e mais do que o dobro do próprio principal.

No caso do crédito tributário, os Tribunais pátrios possuem entendimento consolidado no sentido de afastar multas com caráter de confisco:

Apelação e remessa oficial. Tributário. Multa moratória de 75%. Confisco. Improvimento.

I – A exigência de multa, fixada no montante de 75%, próximo ao do débito cobrado, apenas pelo não recolhimento do tributo, sem que tenha havido grave ofensa à ordem tributária, padece de razoabilidade, configurando confisco, vedado pelo art. 150, IV, da Lei Fundamental.

VII – Apelo provido parcialmente.

Dívidas Agrícolas

(Apelação Cível 292.454-RN, Relator Desembargador Federal Edílson Nobre, 4ª Turma do Tribunal Regional Federal da 5ª Região, julgado m 19/11/2002)

Além disso, o produtor é triplamente penalizado pelo atraso, pois perde o bônus e sofre a incidência da multa e dos juros moratórios, o que é inadmissível. Situação semelhante já foi apreciada há mais de dez anos atrás pelo extinto Tribunal de Alçada do Rio Grande do Sul, que declarou nula cláusula que previa a substituição dos juros remuneratórios em caso de inadimplemento, além da incidência da multa e dos juros moratórios:

(...)
A modificação do nível de juros pelo inadimplemento, inclusive o aumento anual da taxa moratória em um por cento ao ano (1% a.a.) tem nítida conformação de *stipulatio poenae*, e o fato de também constar em cada contrato a disposição do art. 71 DL 167/67, significa a cumulação de penalizações, tornando mais abrangente o conteúdo do enfoque da análise jurídica do pacto na hipótese da falta de pagamento das prestações no devido tempo. De regra, o somatório penalizante das prestações excede em muito, o valor da obrigação principal, fazendo tabula rasa do limitador colocado no art. 920 CCv.

E nem se diga que apenas a multa legal exerce a função de cláusula penal. Washington de Barros Monteiro, em expressão singela, esclarece a circunstância: "não exige, para o seu estabelecimento, emprego das expressões tradicionais (cláusula penal, pena convencional ou multa)" (Curso de Direito Civil, IV/201, Saraiva, SR, 1973).

Todo e qualquer acréscimo além dos juros e correção monetária pactuados para o atempado pagamento deverá assim ser considerado, tanto faz a roupagem que use.

Mesmo que se trate de legislação específica, a carga valorativa entregue ao magistrado por força do art. 924 CCv tem inteira pertinência. Como assevera o festejado civilista, a disposição é de ordem pública (idem, pág. 215), e será aplicada conforme as circunstâncias do caso, tendo em conta a boa fé do devedor, seu bom procedimento, etc. (idem, idem).

Ora, em plena recessão, as dificuldades têm sido imensas, mormente no setor da atividade do mutuário, o que é público e notório, dispensando maiores considerações. O caso concreto não revelou qualquer indício de má fé do inadimplente, e o quadro econômico é sombrio, ora sendo objeto de cogitações de toda ordem, inclusive perante Executivo e Legislativo, na busca de solução para o impasse.

Não foi possível sequer pagar os valores ajustados na época devida e, com maior razão, adicionando-lhes a excessiva carga penalizadora, tanto faz compensatória como moratória. Fazer vistas grossas a esta realidade seria dar à conduta do mutuário conotação injusta. Como o Banco postulou três penalidades, como se vê na inicial da execução, importa cortar o excesso sancionatório, sem prejuízo do principal ajustado. Para tanto, utilizo a faculdade que me é dada pelo art. 924 CCv e reduzo as penas do inadimplemento à multa constante no art. 71 DL 167/67.

Logo a pretensão fica adstrita ao deferimento dos juros pactuados como encargos financeiros (fls. 6/9), aproveitada apenas em parte a cláusula de inadimplemento (multa legal de 10%).

(Apelação Cível nº 193177219, Rel. Breno Moreira Mussi, Nona Câmara Cível do TARS, julgada em 09/11/93)

De outro lado, a retirada do bônus implica elevação dos juros em percentual superior ao limite estabelecido no DL 167/67, já referido anteriormente, mesmo que de forma travestida. O Superior Tribunal de Justiça há muito já decidiu sobre casos como este:

Mútuo rural. Nota de crédito. Juros remuneratórios e correção monetária. Alteração de tais encargos em caso de inadimplemento. Impossibilidade. Limite legal (DL 167/67): 1% a.a. (Juros moratórios – art. 5º, parágrafo único) mais 10% sobre o total da dívida (multa – art. 71). Recurso desprovido.

I – Estabelecidos, em nota de crédito rural, juros remuneratórios e correção monetária para incidirem durante o prazo de vigência do mútuo, nula se apresenta cláusula que preveja majoração de tais encargos financeiros em caso de inadimplência do mutuário.

II – A lei específica (DL 167/67) somente autoriza sejam pactuados, para a situação de não pagamento da dívida no respectivo vencimento, os seguintes acréscimos: juros moratórios, no patamar de 1% a.a. (art. 5º, parágrafo único), e multa de 10% sobre o montante devido (art. 71).

III – *Qualquer estipulação que vise a burlar esse limite legal – como, por exemplo, o referido artifício da elevação dos juros remuneratórios*

Dívidas Agrícolas

65

ou o da criação de outros encargos (taxas, sobretaxas, comissão de permanência) para serem aplicados no caso de inadimplemento – carece de validade. (grifamos) (RESP 59672/RS, Rel. Ministro Sálvio De Figueiredo Teixeira, Quarta Turma do Superior Tribunal De Justiça, julgado em 18.04.1995, DJ 22.05.1995, p. 14419)

Assim, uma vez concedida qualquer espécie de bônus que vise a reduzir o valor da prestação inadmissível a aplicação dos encargos originais, sob pena de os juros moratórios ultrapassarem o limite legal.

Por fim, cabe referir que este acréscimo implica a completa exclusão do produtor do programa de alongamento, pois se o pagamento com o bônus já se mostra difícil em razão das ilegalidades já apontadas na apuração da conta, sem o bônus é impossível o adimplemento.

Aos produtores que foram impedidos da utilização das novas modalidades mais benéficas, pela incidência destes encargos moratórios ilegais, deve ser dado o direito de reingresso no programa, com o recálculo das parcelas em atraso, excluindo a mora indevida.

5.5. Questões relativas à transferência do crédito rural alongado dos bancos oficiais para a União

5.5.1. Medida Provisória 2.196-3 – cessão de créditos à União Federal sem prévio exame da sua legalidade

Em função da edição da Medida Provisória 2.196-3, que estabeleceu o Programa de Fortalecimento das Instituições Financeiras Federais, a União Federal foi autorizada a adquirir/receber os créditos pertencentes ao Banco do Brasil S.A. e a outros bancos públicos federais, relacionados a operações de crédito rural alongadas ou renegociadas com base na Lei n° 9.138/95, nos termos do artigo 2°:

> Art. 2º Fica a União autorizada, nas operações originárias de crédito rural, alongadas ou renegociadas com base na, pelo BB, pelo BASA e pelo BNB, a: (...)
> IV – adquirir os créditos correspondentes às operações celebradas com recursos das referidas instituições financeiras; e
> V – receber, em dação em pagamento, os créditos correspondentes às operações celebradas com recursos do Tesouro Nacional.

Cedido o crédito à União, o Ministro da Fazenda editou a Portaria n° 68, de 05/04/2004, posteriormente substituída pela Portaria n° 202, em 21/07/2004, que resolveu:

> Art. 1º Autorizar as instituições financeiras federais a notificar o devedor dos créditos sob sua administração, com risco para a União ou fundos públicos federais, ou adquiridos ou desonerados de risco pela União, por remessa postal com aviso de recebimento, pessoalmente, ou, quando de domicílio incerto, por edital, comunicando:
> I – a transferência do crédito à União;
> II – o vencimento da dívida e que o não pagamento tornará o débito suscetível de inscrição em Dívida Ativa da União;
> III – a existência de débito passível de inscrição no Cadastro Informativo de créditos não quitados do setor público federal (Cadin), nos termos da Lei nº 10.522, de 19 de julho de 2002.

Assim, na condição de "Agente do Tesouro Nacional", o Banco do Brasil vem notificando os agricultores da cessão, anexando ainda uma guia DARF para pagamento à vista do valor apurado pela instituição.

O artigo 3° da mesma Portaria autoriza, ainda, "as instituições financeiras federais a encaminhar à Secretaria do Tesouro Nacional, por meio eletrônico, demonstrativo de débito e as demais informações relativas aos créditos de que trata o *caput* do art. 1°."

A Secretaria do Tesouro Nacional, por sua vez, foi igualmente autorizada pela referida Portaria, no artigo 4°, a "encaminhar às unidades da Procuradoria-Geral da Fazenda Nacional, por meio eletrônico, as informações necessárias à inscrição em Dívida Ativa da União".

Dívidas Agrícolas

Como se percebe, a transferência do crédito, bem como sua inscrição em dívida ativa, não foi precedida de qualquer exame em relação à legalidade e exatidão, desprezando-se todas as denúncias de irregularidade cometidas pelo Banco do Brasil no crédito rural, reconhecidas pelo Congresso Nacional, através da CPI do Endividamento Agrícola, e pelo Tribunal de Contas da União, constituindo ato lesivo ao patrimônio da Fazenda Nacional e, especialmente, ao direito dos agricultores. Deste modo, é nula a certidão de dívida ativa elaborada pela Procuradoria da Fazenda Nacional com base na cessão de créditos decorrentes de alongamento firmados de acordo com a Lei 9.138/95.

5.5.2. Inconstitucionalidade da Medida Provisória editada para atender os interesses dos bancos federais – afronta aos princípios básicos da administração – ausência de relevância e urgência – abuso do poder de legislar

Exige-se do agente, no exercício da função pública, fiel cumprimento aos princípios da administração, em especial aos previstos constitucionalmente, quais sejam, *legalidade, impessoalidade, moralidade, publicidade e eficiência.*

Somam-se a estes, e igualmente devem ser respeitados, os princípios de *razoabilidade, proporcionalidade, ampla defesa, contraditório, segurança jurídica, motivação e supremacia do interesse público,* textualmente enumerados no artigo 2º da Lei 9.784/99, que regula o processo administrativo no âmbito federal, *visando, em especial, à proteção dos direitos dos administrados e ao melhor cumprimento dos fins da Administração.*

A administração pública pode ser definida como a *atividade concreta e imediata que o Estado desenvolve para a consecução dos interesses coletivos,*[14] *devendo esta atividade*

---

[14] MORAES, Alexandre de. *Direito Constitucional.* São Paulo: Atlas, 2001.

ser exercida nos estritos limites legais, independentemente da carga de discricionariedade dos atos.

Assim, estando a eficácia de toda a atividade administrativa condicionada ao atendimento da Lei e do Direito, podemos dizer que eficazes e legais são os atos que obedecem aos princípios administrativos.

Inequivocamente a cessão dos créditos das instituições financeiras federais à União, objeto da Medida Provisória 2.196-3, deve ser considerada ato nulo da administração pública federal, pois foge dos princípios acima mencionados, bem como aos ideais de justiça e persecução do bem comum.

A cessão atendeu exclusivamente aos interesses dos bancos oficiais, que recebeu seu crédito à vista da União, pelo valor que entendia devido, sem contestação ou qualquer auditoria.

A Fazenda Nacional, por sua vez, executa sumariamente os agricultores a partir dos cálculos elaborados pela instituição financeira, eivados de ilegalidades.

Quanto à gravosidade desta execução sumária, pela transformação do crédito privado em dívida ativa da União, cobrada pelo rito especial da execução fiscal, destacamos a Lei 9.784/99, que, justamente em função dos princípios de *razoabilidade* e *proporcionalidade*, determina, nos processos administrativos, a observância do critério de *adequação entre os meios e fins*, vedando a imposição de *obrigações, restrições e sanções em medida superior aquelas estritamente necessárias ao atendimento do interesse público.*

Excelência, utilizadas as palavras do renomado doutrinador Hely Lopes Meirelles, em sua clássica obra *Direito Administrativo Brasileiro:* "é inegável que hoje a moralidade administrativa integra o Direito como elemento indissociável na sua aplicação e na sua finalidade, erigindo-se em fator de legalidade".

Sendo assim, não podemos admitir a edição de suposta Lei em benefício do setor financeiro, que é

Dívidas Agrícolas **69**

justamente o setor mais forte da economia e o que obtém mais lucros no país, devendo ser considerado o posicionamento do mesmo autor na conclusão da idéia acerca da moralidade, mencionado julgado do TJSP: *decidiu com inegável acerto, que "o controle jurisdicional se restringe ao exame da legalidade do ato administrativo; mas por legalidade ou legitimidade se entende não só a conformação do ato com a Lei, como também com a moral administrativa e com o interesse coletivo".*

Ora, o administrador público precisa ser *eficiente*, exercendo suas atividades sob o manto da igualdade de todos perante a lei, velando pela objetividade e imparcialidade, nunca olvidando que dentro da idéia da eficiência formal da administração pública encontra-se a necessidade da transparência das atividades dos órgãos e agentes públicos.

Neste passo, remetemos às palavras de Alexandre de Moraes, em sua obra *Direito Constitucional: O principio da eficiência, enquanto norma constitucional, apresenta-se como o contexto necessário para todas as leis, atos normativos e condutas positivas ou omissivas do poder público, servindo de fonte para a declaração de inconstitucionalidade de qualquer manifestação da administração contrária a sua plena e total aplicabilidade.*

Continua o ilustre autor: *Importante salientar que a proclamação constitucional do princípio da eficiência pretende solucionar, principalmente, o clássico defeito da administração publica na prestação dos serviços e do poder judiciário em analisar a eficiência da administração.*

Podemos afirmar, nesse ínterim, que a Medida Provisória 2.196-3 é inconstitucional, pois foi elaborada pura e simplesmente para o fortalecimento dos Bancos Federais, em flagrante detrimento do bem comum/interesse coletivo, consubstanciando um desrespeitoso abuso do poder de legislar.

Há *desvio de finalidade*, no caso, pois a Medida Provisória, embora elaborada com observância dos limites de competência, alberga atos com fins diversos aos exigidos pelo *interesse público*.

E é fato que até hoje esta MP não passou pela apreciação do Congresso Nacional, tendo uma manobra política afastado o caráter de transitoriedade desta espécie normativa, o que não permite, de qualquer forma, sejam admitidos como válidos os efeitos da cessão de crédito ilegal amparada na norma impugnada.

É certo que a Medida Provisória 2.196-3 está sujeita ao controle de constitucionalidade, como todas as demais leis e atos normativos, sendo o controle jurisdicional possível tanto em relação à disciplina dada à matéria tratada pela mesma, quanto em relação aos próprios limites materiais e aos requisitos de relevância e urgência, ausentes no caso por todos os motivos já expostos acima.

Muito embora o posicionamento do Supremo Tribunal Federal seja de precaução nessa última forma de controle jurisdicional, para evitar invasão da esfera discricionária do Poder Executivo, o fato é que pode haver intervenção quando flagrante o desvio de finalidade ou abuso do poder de legislar.

Neste sentido, o Supremo Tribunal Federal:

Requisitos de urgência e relevância – Caráter político. Em princípio a sua apreciação fica por conta dos poderes executivo e legislativo. Todavia, se tais requisitos – relevância e urgência – evidenciarem-se improcedentes, no controle judicial, o Tribunal deverá decidir pela ilegitimidade constitucional da medida provisória. (Pleno – ADIN 1647.4 – Relator Ministro Carlos Veloso, DJ mar/99)

Com o devido respeito, se formos refletir sobre a relevância e a urgência de beneficiarmos o sistema financeiro nacional, em prejuízo do setor produtivo, não poderemos tirar outra conclusão a não ser de flagrante, desrespeitoso e ilegal desvio de finalidade e abuso de poder a que estamos sendo sujeitados.

Ocorre, que nenhum dos Poderes parece ter vislumbrado os efeitos nocivos da Medida Provisória em im-

Dívidas Agrícolas

pugnação, sendo certo que a prerrogativa constitucional dada aos *Poderes Legislativo, Executivo e Judiciário* de manterem, *de forma integrada, sistema de controle interno com a finalidade de comprovar a legalidade e avaliar os resultados, quanto a eficácia e eficiência da gestão orçamentária, financeira e patrimonial nos órgãos e entidades da administração federal, bem como da aplicação de recursos públicos por entidades de direito privado,* não está sendo exercida, e esta omissão deve ser também considerada violadora de princípios constitucionais.

Pondere-se que a nulidade dos atos que deixam de atender aos princípios regentes do sistema é defendida desde 1965, na Lei da Ação Popular – Lei nº 4.717, de 29.6.65 – como se vê nos enunciados dos seguintes dispositivos:

> Art. 2º São nulos os atos lesivos ao patrimônio das entidades mencionadas no artigo anterior, nos casos de :
> (...)
> b) vício de forma;
> c) ilegalidade do objeto;
> d) inexistência de motivo;
> e) desvio de finalidade
> Parágrafo único. Para a conceituação dos casos de nulidade, observar-se-ão as seguintes normas:
> (...)
> b) o vício de forma consiste na omissão ou na observância incompleta ou irregular de formalidades indispensáveis à existência ou seriedade do ato;
> c) a ilegalidade do objeto ocorre quando o resultado do ato importa em violação de lei, regulamento ou outro ato normativo;
> d) a inexistência dos motivos se verifica quando a matéria de fato ou de direito, em que se fundamenta o ato, é materialmente inexistente ou juridicamente inadequada ao resultado obtido;
> e) o desvio de finalidade se verifica quando o agente pratica o ato visando a fim diverso daquele previsto, explícita ou implicitamente, na regra de competência.
> (...)

Ainda sobre a fiscalização orçamentária, temos que a cessão violou a Lei Complementar 101/2000, Lei de

Responsabilidade Fiscal, que em seu artigo 1º *"estabelece normas de finanças públicas voltadas para a responsabilidade na gestão fiscal"*, dizendo o § 1º do referido dispositivo:

Art. 1º (...)

§ 1º A responsabilidade na gestão fiscal pressupõe a ação planejada e transparente, em que se previnem riscos e corrigem desvios capazes de afetar o equilíbrio das contas públicas, mediante o cumprimento de metas de resultados entre receitas e despesas e a obediência a limites e condições no que tange a renúncia de receita, geração de despesas com pessoal, da seguridade social e outras, dívidas consolidada e mobiliária, operações de crédito, inclusive por antecipação de receita, concessão de garantia e inscrição em Restos a Pagar.

Como se vê, a cessão em discussão afronta as disposições das normas acima, pois constituiu ato com inobservância das formalidades indispensáveis a sua própria existência e seriedade, culminando com a inscrição em dívida ativa que inequivocamente viola a Carta Magna, bem como a legislação infraconstitucional que rege a matéria.

Pelo exposto, deve ser declarada inconstitucional a Medida Provisória 2.196-3, bem como a cessão de créditos por ela normatizada, pois constitui ato lesivo ao patrimônio da Fazenda Nacional, exercido em total desrespeito aos princípios básicos da administração pública, consagrados constitucionalmente.

5.5.3. Efeitos da sub-rogação em relação ao devedor – transferência dos direitos do credor primitivo

O Código Civil, em seu artigo 349, diz que "a sub-rogação transfere ao novo credor todos os direitos, ações, privilégios e garantias do primitivo", sendo que em relação a este dispositivo o Superior Tribunal de Justiça já afirmou que "o sub-rogado não terá contra o devedor mais direitos do que o primitivo credor".[15]

---

[15] STJ, 4º Turma, Recurso Especial 274.768-DF, rel. Min. Sálvio Teixeira, v.u., j. 24.10.2000, DJU 11.12.2000.

Dívidas Agrícolas

No caso, por certo o procedimento é mais gravoso ao devedor, seja pela sua sumariedade, seja pela oneração do saldo devedor em função da incidência dos encargos previstos para as dívidas ativas, concedendo, na prática, mais direitos ao credor sub-rogado do que possuía o credor primitivo.

Aliás, os valores apontados nas execuções fiscais normalmente superam inclusive, o próprio valor total confessado ao Banco, o que demonstra onerosidade absurda imposta pela cessão do crédito, sem que a União sequer aponte a evolução do débito, haja vista a dispensa dada pela Lei 6.830/80.

Neste ponto, citamos ainda o ensinamento do ilustre Caio Mário da Silva Pereira,[16] transcrita na decisão da Corte Superior referida no início deste tópico:

> Qualquer que seja a sub-rogação – legal ou convencional – adquire o sub-rogado o próprio crédito do sub-rogante, tal qual é. Opera, assim a substituição do credor pelo sub-rogatário,que recebe o crédito com todos os seus acessórios, mas seguidos também dos seus inconvenientes, e das suas falhas e defeitos. Suporta o sub-rogado, evidentemente, todas as exceções que o sub-rogante teria de enfrentar. Não tem direito a outros juros, senão os que vencia a dívida solvida, esta sujeita à mesma prescrição do crédito primitivo.

Além disso, sendo a atividade rural, por razões constitucionais e legais (art. 187 da CF, Lei 4.829/65, Lei 8.171/91 e DL 167/67, entre outros), historicamente tutelada e regulamentada pelo Estado, seja no estabelecimento de condições diferenciadas na contratação de financiamentos, seja na garantia de venda da produção a preços compatíveis com os seus custos, também por este motivo jamais poderia o sub-rogado receber mais do que teria direito o credor original, por conta da aplicação de encargos previstos na legislação fiscal e tributária.

---

[16] PEREIRA, Caio Mário da Silva. *Instituições de Direito Civil*. Forense, 15ª ed., vol. II, p. 149/150.

A União Federal, certamente, na tentativa de descaracterizar a natureza rural da dívida, procurou incluir nas Resoluções editadas pelo CMN a partir de 22/11/2001, ou seja, logo após a cessão, um artigo[17] que afastaria a aplicação do disposto no Manual de Crédito Rural 2-6-9, cuja redação diz que "independentemente de consulta ao Banco Central do Brasil, é devida a prorrogação da dívida, aos mesmos encargos financeiros antes pactuados no instrumento de crédito, desde que se comprove incapacidade de pagamento do mutuário, em conseqüência de: a) dificuldade de comercialização dos produtos; b) frustração de safras, por fatores adversos; c) eventuais ocorrências prejudiciais ao desenvolvimento das explorações".

E considerando ainda a sumariedade que rege o rito previsto pela Lei de Execuções Fiscais, somado às inscrições dos executados na dívida ativa e no Cadastro de Inadimplentes da União, que conferem inequívoca gravosidade à forma de cobrança do débito originariamente privado, por certo, esta alteração de credor viola o Princípio do Devido Processo Legal, consagrado pelo artigo 5º, LIV, da Constituição Federal.

Vejamos ainda que, quando competia ao credor originário Banco do Brasil a cobrança de débitos desta natureza (parcelas não-pagas das dívidas celebradas com fundamento na Resolução 2.471/98), este ingressava com ações ordinárias de cobrança, o que demonstra que o título representativo do débito sequer era considerado como executivo.

Assim, não podendo o sub-rogado receber mais direitos que o credor original possuía, cristalino que não poderia a União Federal ingressar com ação de execução fiscal para cobrança das parcelas em atraso, pois

---

[17] Resolução/CMN 2.902, de 22/11/2001, art. 6º. Nas renegociações admitidas por esta resolução, a instituição financeira deve observar que: (...) III – não se aplica o disposto no MCR 2-6-9 às operações renegociadas.

Dívidas Agrícolas

deste privilégio não era beneficiário o cedente Banco do Brasil S.A.

> *5.5.4. Impossibilidade de utilização da execução fiscal para cobrança de crédito privado – nulidade da certidão de dívida ativa elaborada com dados fornecidos por instituição financeira*

Os agricultores, após absorverem imensos prejuízos ao longo dos anos com os desmandos do sistema financeiro na execução da política agrícola, sofrem agora um revés maior ainda com a transferência de sua dívida para a União Federal.

Isto porque, por uma Medida Provisória até hoje não apreciada pelo Congresso Nacional, tenta-se modificar a natureza da dívida, de privada para pública, o que certamente não é possível.

E pior, por mera Portaria do Ministro da Fazenda, dá-se ao Banco do Brasil o poder de fornecer os dados para elaboração da certidão de dívida ativa que representa a dívida.

Assim, com esse artifício, os agricultores passam a ser réus em execução fiscal aparelhada por Certidão de Dívida Ativa elaborada com base nas informações fornecidas pelas instituições financeiras, a qual, em tese, gozaria de presunção de certeza e liquidez, que somente pode ser ilidida por "prova inequívoca", a cargo dos executados, nos termos do artigo 3º da Lei 6.830/80.

Entretanto, a dívida transferida não decorre de previsão legal ou de contrato com a administração pública, hipóteses em que seria cabível a execução fiscal, mas sim de ato particular entre os agricultores/executados e os bancos federais, motivo pelo qual não pode gozar da presunção prevista em lei, ainda mais considerando-se as ilegalidades na apuração e transferência relatadas acima.

Vale lembrar que o próprio artigo 3º da Lei 6.830/80 afirma que somente "a Dívida Ativa regularmente inscrita goza da presunção de certeza e liquidez", o que certamente não ocorre nos casos em tela.

Admitir a regularidade da Certidão de Dívida Ativa em que se fundam as execuções fiscais seria admitir a utilização do procedimento especial para cobrança de débitos privados e, pior, admitir que os bancos tivessem competência para elaborar CDA's.

Do mesmo modo, não se pode admitir que o crédito decorrente do alongamento goze de qualquer privilégio por ter a União como credora, como aqueles concedidos aos tributários pelos artigos 186 a 193 do Código Tributário Nacional.

Necessário mais uma vez dizer que a MP 2.196/3, em seu artigo 15, confere às próprias instituições financeiras cedentes a "administração" do crédito, o que coloca em dúvida inclusive a própria existência da cessão, pois ao que parece a transferência para a União tem o único objetivo de conferir um caráter de legalidade à cobrança.

De qualquer forma, uma instituição financeira, mesmo que possua a União como principal acionista, não pode utilizar-se da execução fiscal para cobrança de seus créditos, o que, em última análise, está ocorrendo.

Neste ponto, o Superior Tribunal de Justiça por diversas vezes já se manifestou acerca da impossibilidade de utilização do procedimento executivo fiscal para cobrança de créditos de natureza privada:

Processual civil – Agravo regimental – Acórdão embasado em razões consubstanciadas em matéria constitucional – Dívida não tributária – Incabível o processo de execução fiscal.

I – Acórdão embasado em razões consubstanciadas em matéria constitucional não se mostra apto a reexame em sede de especial.

II – Se o contrato de mútuo (empréstimo bancário), objeto de execução por titulo cambiariforme, versa relação jurídico-material de natureza privada, a controvérsia a respeito de tal não pode ser

Dívidas Agrícolas

apreciada, quando veiculada através da execução fiscal, nem, para o caso, em homenagem ao principio da instrumentalidade, os atos processuais já praticados podem ser aproveitados, posto que a constituição do titulo executivo foi efetivada sem o procedimento regular da divida ativa, mormente quando esse aspecto embasa o *decisum* e o instrumento original da divida não consta dos autos. III – Regimental improvido.
(AgRg no AG 24958/RS, Rel. Ministro WALDEMAR ZVEITER, TERCEIRA TURMA DO SUPERIOR TRIBUNAL DE JUSTIÇA, julgado em 31.08.1993, DJ 18.10.1993 p. 21872)

Tributário e Processual Civil. Inexistência de omissão no Acórdão recorrido. Execução fiscal. DNER. Acidente automobilístico. Dano causado ao patrimônio da autarquia. Inscrição na dívida ativa. Lei nº 6.830/1980.
(...)
5. Os privilégios da Lei nº 6.830/80 só cabem nos casos em que a dívida ativa tiver natureza tributária (crédito que goza de proteção especial – arts. 183 a 193 do CTN) ou decorra de um ato ou de um contrato administrativo típico.
6. A dívida exeqüenda decorrente de dano causado ao patrimônio do DNER por acidente automobilístico não constitui dívida ativa a ensejar a aplicação do rito da Lei nº 6.830/80, visto que não se trata de débito tributário (art. 201, do CTN) ou não tributário (previsto em lei, regulamento ou contrato).
7. Recurso não provido.
(RESP 362160/RS, Rel. Ministro José Delgado, Primeira Turma do Superior Tribunal de Justiça, julgado em 05.02.2002, DJ 18.03.2002. p. 186)

Processual civil – Especial – Agravo regimental – Execução fiscal – Devido processo – Direito privado.
I – Não há como processar-se, no rito da execução fiscal, lide atinente a controvérsia oriunda de relação jurídica regida pelo direito privado, pois, se a causa não é fiscal ou de direito público, o procedimento é inadequado e fere o Princípio do Devido Processo Legal.
II – Agravo improvido.
(AgRg no AG 16515/RS, Rel. Ministro Waldemar Zveiter, Terceira Turma do Superior Tribunal de Justiça, julgado em 10.02.1992, DJ 09.03.1992, p. 2580)

O Egrégio Tribunal Regional Federal da 4ª Região, por sua vez, já decidiu pela impossibilidade de execução fiscal de dívidas de natureza civil:

Administrativo. Execução fiscal. Dívida decorrente de danos causados por acidente de veículo ao patrimônio do DNER. Crédito que não se enquadra no conceito de dívida ativa não-tributária. Inadequação da via eleita.
A amplitude do conceito de dívida ativa não-tributária não significa que é ilimitado, a ponto de abranger todo e qualquer crédito da Fazenda Pública, pois não é dado ao Estado, de forma unilateral, tornar-se credor-exeqüente de todo e qualquer crédito ou direito. A dívida ativa não-tributária deve decorrer do exercício do poder de império, como o exercício regular do poder de polícia, a dívida em virtude de um contrato administrativo ou do ressarcimento por um serviço público prestado a terceiros, ou seja, o valor da dívida deve decorrer efetivamente de uma atividade típica e própria da entidade de direito público, não sendo possível compreender débito de natureza diversa, como de natureza civil. Havendo dívida decorrente de natureza civil, como na hipótese presente, acidente de trânsito, aplicam-se ao caso as regras do direito civil, sendo nula a CDA em decorrência de débito dessa natureza, por falta de fundamento legal ou contratual, tornando-se absolutamente inadequada a via da execução fiscal para sua cobrança.
Negado provimento à apelação e à remessa oficial.
(Apelação Cível 199904011287131, Quarta Turma do TRF-4, Relator Juiz Hermes S. da Conceição Jr., Decisão 19/09/2000 – DJU 22/11/2000)

Execução fiscal. Dívida decorrente de danos causados por acidente de veículo ao patrimônio do DNER. Crédito que não se enquadra no conceito de dívida ativa não-tributária. inadequação da via eleita.
O conceito de dívida ativa não-tributária é amplo, mas não é ilimitado a ponto de abranger todo e qualquer crédito da Fazenda Pública, pois não é dado ao Estado, de forma unilateral, tornar-se credor-exeqüente de todo e qualquer crédito ou direito. A execução fiscal em exame tem por objeto a cobrança de indenização de danos causados por acidente de veículo ao patrimônio da Exeqüente. O crédito que está sendo objeto de execução não surgiu do exercício do poder de polícia do DNER, nem de um contrato administrativo, ou do descumprimento quanto a um ressarcimento por um serviço público prestado a terceiros. Assim, não decorreu do

Dívidas Agrícolas 79

exercício do seu poder de império, não se enquadrando, portanto, no conceito de dívida ativa não-tributária, entendida esta como a advinda "do exercício regular do poder de império, em suas diversas modalidades, que é próprio da atividade pública." (Min. Célio Borja, RE nº 115.062-9/RS). Não é, portanto, objeto da presente execução dívida ativa tributária ou não-tributária, pois a dívida não decorre de relação contratual ou do exercício regular do poder de polícia, ou decorrente do exercício do poder de império. Como apenas a execução judicial da Dívida Ativa da Fazenda Pública, definida como tributária e não-tributária, tem sua cobrança regulada pela Lei nº 6.830/80, é inadequada a via eleita. Negado provimento à apelação e à remessa oficial.
(Apelação Cível 199904011287192/RS, Relator Juiz Eduardo Tonetto Picarelli, Quarta Turma do TRF-4, Decisão 09/05/2000, DJU Data:09/08/2000)

Portanto, a inscrição em dívida ativa e a utilização do procedimento executivo fiscal não se coadunam com a natureza do débito que os produtores possuem, tendo em vista que a origem do mesmo é o alongamento de dívidas efetuadas com base na Lei 9.138/95.

Deste modo, nulas a certidão de dívida ativa e a execução fiscal que eventualmente venha a ser ajuizada, seja pela impossibilidade de utilizar-se do procedimento especial para cobrança de créditos de origem privada, de efetuar-se a inscrição de débitos com base em informações fornecidas por instituição financeira ou ainda de modificar-se a qualidade do crédito cedido.

6. Direito ao alongamento às custas da instituição financeira quando indevidamente negado o pedido do produtor formulado na época própria

É absolutamente pacífico no Superior Tribunal de Justiça que "preenchidos os requisitos legais, o alongamento da dívida constitui um direito do devedor e não mera faculdade das instituições financeiras",[18] nos termos do disposto no art. 5º da Lei 9.138/95.

Assim, tendo o produtor rural postulado tempestivamente o alongamento e estando preenchidos todos os requisitos exigidos pelas resoluções que regulam a questão, não pode a instituição financeira credora negar o alongamento do débito rural.

E sendo o alongamento uma forma de pagamento inequivocamente mais benéfica ao produtor, tanto em relação ao prazo quanto ao valor, constituindo-se em uma verdadeira reparação pelas ilegalidades cometidas ao longo do processo de endividamento, já referidas anteriormente, o dano causado pela indevida negativa da instituição financeira é até mesmo presumível.

Nestes termos, a instituição financeira que nega indevidamente o pedido de alongamento do débito de

---

[18] STJ-3ª Turma, RESP 525.651/MG, Rel. Ministra Nancy Andrighi, julgado em 14.10.2003, DJ 10.11.2003, RSTJ 177/297.

Dívidas Agrícolas

responsabilidade de produtor rural comete ato ilícito, conforme previsto no artigo 186 do Código Civil:

> Art. 186. Aquele que, por ação ou omissão voluntária, negligência ou imprudência, violar direito e causar dano a outrem, ainda que exclusivamente moral, comete ato ilícito.

E nos termos do artigo 927 do Código Civil, "aquele que, por ato ilícito (arts. 186 e 187), causar dano a outrem, fica obrigado a repará-lo".

Assim, a indenização dos prejuízos infligidos aos produtores que tiveram indevidamente negado o exercício do direito ao alongamento é a conseqüência jurídica lógica do comportamento das instituições financeiras que praticaram o ato lesivo.

Nas perdas materiais, a idéia principal é o ressarcimento, que se traduz nos danos emergentes e nos lucros cessantes, conforme art. 402 do Código Civil, correspondente ao artigo 1059, *caput*, do Código Civil de 1916:

> Art. 402. Salvo as exceções expressamente previstas em lei, as perdas e danos devidas ao credor abrangem, além do que ele efetivamente perdeu, o que razoavelmente deixou de lucrar.

É a noção antiga da *restitutio in integrum* – pela qual o ofensor deve ser constrangido a repor a situação patrimonial do ofendido como estaria antes, caso não tivesse acontecido a ofensa.

Deste modo, em relação aos danos emergentes, somente o alongamento do débito nos moldes previstos pelas normas reguladoras seria capaz de repor o *status quo ante*, cabendo à instituição financeira suportar os ônus decorrentes, tendo em vista encerramento do prazo previsto para o exercício do direito.

Além disso, todos os prejuízos resultantes da cobrança indevida da dívida pela instituição devem ser igualmente indenizados, como forma de reparação integral dos danos emergentes, como, por exemplo, eventuais despesas com processos judiciais e custos com encargos financeiros superiores ao do crédito rural oficial, do qual os inadimplentes ficam alijados.

Por outro lado, se a negativa de alongamento resulta no afastamento do produtor do seu negócio, deve também a instituição indenizar os lucros cessantes, com base no quanto razoavelmente se deixou de lucrar.

Portanto, os danos causados pela indevida negativa da instituição financeira ao pedido de alongamento formulado por produtor rural devem ser amplamente reparados pela mesma, especialmente através do alongamento injustamente denegado.

Dívidas Agrícolas

7. medidas judiciais e extrajudiciais cabíveis

Diversos são os procedimentos a serem adotados na defesa dos direitos dos produtores, podendo ter caráter antecipatório, que se mostra mais eficaz, ou ainda de defesa, caso já exista processos em andamento.

7.1. Contra-notificação e defesa administrativa

Quando da cessão do crédito para a União Federal e/ou do vencimento da dívida, o produtor vem sendo notificado pela instituição financeira da ocorrência do evento (cessão ou vencimento).

Importante que, ao receber a notificação, se contra-notifique o credor, dando-lhe ciência dos motivos que impedem o pagamento do débito e, se for o caso, solicitando a prorrogação com base nos permissivos específicos do credito rural, como previsto no MCR 2-6-9.

Este procedimento é importante para que não fique caracterizada a mora do devedor pelo não pagamento.

Em fase posterior, quando a Procuradoria da Fazenda Nacional dá ciência da inscrição do débito em dívida ativa, em "Aviso de Cobrança", e cobra o seu valor integral anexando uma DARF ao documento, a contra-notificação não terá mais efeito prático.

Nestes casos, de Aviso de Cobrança com DARF anexa, para pagamento à vista do valor integral da

Dívidas Agrícolas

dívida ou das parcelas em atraso, o devedor poderá realizar Defesa Administrativa, dirigida à Seccional remetente da Procuradoria da Fazenda Nacional.

Considerados os princípios da ampla defesa e do devido processo legal, aplicáveis tanto aos processos judiciais como aos administrativos, poderão ser argüidas neste último todas as matérias oponíveis no primeiro, bem como requerida a produção de provas, tudo sem prejuízo da análise posterior das mesmas questões pelo Poder Judiciário.

7.2. Ação ordinária

Em razão do amplo espectro cognitivo da ação ordinária, torna-se possível buscar por este meio o provimento judicial para as seguintes questões, entre outras:

a) a revisão do débito para que, aplicando-se os critérios legais, se obtenha o saldo efetivamente devido, sobre o qual será recomposto o alongamento, em suas diversas fases, obedecido o princípio da equidade;
b) a reparação dos danos sofridos pela imposição das ilegalidades anteriores e posteriores ao alongamento;
c) a antecipação de tutela para:
c.1) adequação das garantias aos limites legais;
c.2) o impedimento de lançamento em dívida ativa, pela ilegalidade da transformação da dívida privada em pública e pela inconstitucionalidade da Medida Provisória 2.196-3/01;
c.3) o impedimento ou a exclusão de lançamento em cadastros de inadimplência.

Assim, inequivocamente, a ação ordinária é o meio processual mais adequado para a defesa dos produtores, especialmente se manejado antes de iniciados os procedimentos de cobrança pelo credor, podendo, inclusive, tornar desnecessária a interposição de embargos pelo devedor.

Neste sentido, o Superior Tribunal de Justiça tem decidido que a "ação ordinária de revisão do débito que trata de questões que podem ser suscitadas nos embargos, produz o mesmo efeito destes, com a suspensão do processo executivo, depois da penhora, até a sentença".[19] E mesmo após o ingresso da execução é recomendável a interposição da ação ordinária, tendo em vista a limitação de defesa nos embargos em execução fiscal.

7.3. Exceção de pré-executividade

Nos casos em que já tenha ocorrido o ajuizamento da ação de execução, existindo alguma nulidade absoluta a ser alegada, admite-se a defesa do produtor mediante exceção de pré-executividade, evitando-se assim a penhora dos bens.

Isto porque a ausência dos pressupostos de constituição e validade do processo executivo constitui-se em nulidade de caráter absoluto, nos termos do artigo 618 do CPC, e como tal pode ser alegada pela parte em qualquer momento processual e reconhecida pelo juízo até mesmo de ofício.

Assim, conforme entendimento do Superior Tribunal de Justiça, nada há que justifique a sua não-alegação a qualquer momento, especialmente antes da penhora:

(...)
3. O controle dos pressupostos processuais, das condições da ação, da existência, higidez e tipicidade do título executivo são suscetíveis de exame em exceção de pré-executividade, porque sujeitos a conhecimento de ofício pelo juiz.
4. No caso concreto, a matéria objeto da exceção de pré-executividade foi a inexigibilidade dos créditos objeto das CDAs, por força de depósito (CTN, art. 151, II). Trata-se de matéria atinente a uma das condições da ação executiva (CPC, art. 586, *caput*), qual seja, a exigibilidade do título, a cuja verificação o juiz pode proceder de ofício, e cuja falta acarreta a nulidade do processo de execução (CPC, art. 618, I).

---

[19] STJ-4ª Turma, Recurso Especial 467.157/RS, Rel. Ministro Ruy Rosado de Aguiar, julgado em 11.03.2003, DJ 07.04.2003 p. 294.

Dívidas Agrícolas

(RESP 512420/MG, Rel. Ministro Teori Albino Zavascki, Primeira Turma do Superior Tribunal de Justiça, julgado em 19.10.2004, DJ 16.11.2004 p. 189)

E neste sentido, é entendimento da melhor doutrina que a oposição de questões relativas à nulidade da execução deve ser feita entre a citação e a penhora, justamente para suspender o processo e as medidas executivas, tal qual a penhora, até a decisão do incidente, conforme o ensinamento do mestre Galeno Lacerda:

> Na defesa do executado, há exceções prévias, *lato sensu*, que afastam a legitimidade da própria penhora, já que esta, como é notório, pressupõe a executoriedade do título. Se o título não for exeqüível, não tem sentido a penhora, desaparece o seu fundamento lógico e jurídico.[20]

Também Nelson Nery Júnior afirma que "mesmo antes de opor embargos de devedor, o que somente pode ocorrer depois de seguro o juízo pela penhora, o devedor pode utilizar-se de outros instrumentos destinados à impugnação do processo de execução, notadamente no que respeita às questões de ordem pública por meio da impropriamente denominada exceção de pré-executividade (...)".[21]

Assim, quando mostrar-se flagrante a nulidade da execução, cabível a interposição da exceção de pré-executividade, para que, somente após, caso não seja a mesma acolhida, se realizem os atos de constrição, quando então iniciará o prazo para defesa por meio de Embargos de Devedor.

Desta forma, as matérias relativas à inconstitucionalidade da Medida Provisória 2.196-3, à impossibilidade de se transformar crédito privado em público, à impossibilidade de o credor sub-rogado utilizar-se de

---

[20] LACERDA, Galeno. *Execução de Título Extrajudicial e Segurança do Juízo*, in Ajuris 23, 1981, p. 7-15.

[21] NERY, Nélson. *Princípios do Processo Civil na Constituição Federal*. São Paulo: RT, 1992, p. 129-130.

privilégios e direitos não conferidos ao credor original, entre outras, podem ser argüidas através da exceção de pré-executividade.

7.4. Embargos do devedor

A defesa através de embargos do devedor implica a constrição de bens, o que por si só já representa uma maior gravosidade ao produtor. De outro lado, os embargos, mormente tratando-se de execução fiscal, não possuem a mesma amplitude da ação ordinária, motivo pelo qual algumas questões não poderiam ser discutidas neste incidente, como a reparação dos danos e a adequação das garantias, entre outros.

Todavia, possível é a revisão dos contratos que originaram o título executivo, nos casos de renegociação, em que pese a grande resistência dos tribunais estaduais neste ponto.

O Superior Tribunal de Justiça, no entanto, não diferencia a revisão através de ação ordinária ou de embargos do devedor. Neste sentido, o acórdão que segue:

Agravo regimental. Recurso especial admitido. Embargos do devedor. Contrato bancário. Confissão de dívida. Revisão de contratos anteriores.
1. A decisão ora agravada está em perfeita harmonia com jurisprudência da Corte no sentido de que a renegociação do contrato não impede a sua revisão. Possível a revisão dos contratos que deram origem ao título, nos termos da Súmula nº 286 da Corte.
2. Agravo regimental desprovido.
(AgRg no AG 552015/RS, Rel. Ministro Carlos Alberto Menezes Direito, Terceira Turma do Superior Tribunal de Justiça, julgado em 18.05.2004, DJ 02.08.2004, p. 378)

Portanto, em que pese a maior gravosidade e o menor espectro cognitivo, possível a revisão da dívida através da ação de embargos do devedor.

Dívidas Agrícolas

8. Dívidas com fornecedores

Em decorrência dos fatos expostos no início desta obra, sem dúvida os agricultores terão dificuldades de cumprir os compromissos assumidos com seus fornecedores de insumos e máquinas agrícolas. A regra geral dos contratos é de que são fontes de obrigação, formulados de acordo com o princípio da autonomia privada, em que as partes possuem liberdade de escolher como, quando, com quem, onde e se irão contratar. Após a sua celebração, ele faz lei entre as partes, ou seja, se regularmente celebrado, impõe-se o cumprimento de suas cláusulas (*pacta sunt servanda*).

Entretanto, como as relações contratuais não são estanques, movimentam-se de acordo com os fatores socioeconômicos, o direito deve sempre buscar acompanhar essas alterações.

Foi o que ocorreu com o ordenamento jurídico brasileiro. Hoje, a lei não busca apenas o adimplemento contratual, exige também que os contratos sejam elaborados com harmonia, equilibradamente, o que limita a autonomia da vontade das partes, eis que possuem um caráter muito mais social, de acordo com a ordem pública, valorizados pela confiança e boa- fé.

Esta limitação encontra-se primeiramente na Constituição Federal de 1988, Título II, Dos Direitos e Garantias Fundamentais, Capítulo I, Dos Direitos e Deveres Individuais e Coletivos, que em seu art. 5º, inciso XXIII, dispõe:

Dívidas Agrícolas

Art. 5º Todos são iguais perante a lei, sem distinção de qualquer natureza, garantindo-se aos brasileiros e aos estrangeiros residentes no País a inviolabilidade do direito à vida, à liberdade, à igualdade, à segurança e à propriedade, nos termos seguintes:
XXIII – a propriedade atenderá a sua função social;

Além disso, no Título VII, Da Ordem Econômica e Financeira, Capítulo I, Dos Princípios Gerais da Atividade Econômica, diz o art. 170:

Art. 170. A ordem econômica, fundada na valorização do trabalho humano e na livre iniciativa, tem por fim assegurar a todos existência digna, conforme os ditames da justiça social, observados os seguintes princípios:
I – soberania nacional;
II – propriedade privada;
III – função social da propriedade;
IV – livre concorrência;
V – defesa do consumidor;
VI – defesa do meio ambiente;
VI – defesa do meio ambiente, inclusive mediante tratamento diferenciado conforme o impacto ambiental dos produtos e serviços e de seus processos de elaboração e prestação;
VII – redução das desigualdades regionais e sociais;
VIII – busca do pleno emprego;
IX – tratamento favorecido para as empresas brasileiras de capital nacional de pequeno porte.
IX – tratamento favorecido para as empresas de pequeno porte constituídas sob as leis brasileiras e que tenham sua sede e administração no País.

Com isso, o legislador possuiu claramente a intenção de que a ordem econômica deve ser exercida conforme os ditames da justiça social, onde todos devem contribuir para a realização de um bem comum, constituindo verdadeiro limitador à liberdade contratual.

O Código Brasileiro de Defesa do Consumidor, Lei nº 8.078/90, também inseriu em nossa legislação diversos dispositivos legais relativisadores da liberdade contratual, constituindo um microssistema jurídico que busca a harmonia nas relações de consumo, com o

92 *Ricardo Barbosa Alfonsin*

objetivo de resguardar os consumidores ante ao poder econômico, dando-lhes instrumentos para que tenham acesso ao Poder Judiciário na busca do equilíbrio de forças entre os que são claramente desiguais.

Nota-se que esta lei não busca desestabilizar as relações de consumo, eis que concilia a liberdade contratual com a fragilidade nata dos consumidores, impondo uma harmonia entre as partes desiguais.

A questão da fragilidade se ressalta quando falamos na atividade agrícola, a qual, além de se submeter a situações normais de abusos que são facilmente encontradas no mercado, como a imposição de contratos de adesão, ainda sofre outras influências, como as climáticas.

Somando-se ao texto constitucional e ao Código de Defesa do Consumidor, em 2003 entrou em vigor o novo Código Civil Brasileiro, que prevê expressamente a possibilidade de revisão das obrigações quando contrariarem a boa- fé, os usos do lugar de sua celebração, o fim econômico ou social e a função social do contrato, pelo que se observa dos seguintes dispositivos:

Art. 112. Nas declarações de vontade de atenderá mais à intenção nelas consubstanciadas do que ao sentido literal da linguagem.
Art. 113. Os negócios jurídicos devem ser interpretados conforme a boa-fé e os usos do lugar de sua celebração.
Art. 187. Também comete ato ilícito o titular de um direito que, ao exercê-lo, excede manifestamente os limites impostos pelo seu fim econômico ou social, pela boa-fé ou pelos bons costumes.
Art. 421. A liberdade de contratar será exercida em razão e nos limites da função social do contrato.
Art. 422. Os contratantes são obrigados a guardar, assim na conclusão do contrato, como em sua execução, os princípios de probidade e boa-fé.

A imposição da observância dos fins sociais foi tamanha que no parágrafo único do art. 2.035, que trata da regra de transição do Código antigo para o atual, ficou autorizada a revisão até mesmo dos pactos subor-

Dívidas Agrícolas

dinados à égide do Código Civil de 1916, quando contrariarem "preceitos de ordem pública, tais como os estabelecidos por este Código para assegurar a função social da propriedade e dos contratos", sendo verdadeira exceção ao princípio da irretroatividade das leis.

O legislador exerceu este caráter limitador por meio de cláusulas gerais, que são conceitos jurídicos indeterminados, os quais devem ser transpostos aos casos concretos no momento em que o juiz decide um caso concreto. Nelson Nery Junior, em sua obra *Novo Código Civil e Legislação Extravagante Anotados*, ao comentar o art. 1º do diploma, conceitua:[22]

> *13. Conceitos legais indeterminados. Definição. Conceitos legais indeterminados* são palavras ou expressões indicadas na lei, de conteúdo e expressões altamente vagos, imprecisos e genéricos, e por isso mesmo esse conceito é abstrato e lacunoso. Sempre se relacionam com a *hipótese de fato* posta em causa. Cabe ao juiz, no momento de fazer a subsunção do fato à norma, preencher os claros e dizer se a norma atua ou não no caso concreto. Preenchido o conceito legal indeterminado (*umbestimmte Gesetzbegriffe*), a solução já está preestabelecida na própria norma legal, competindo ao juiz apenas aplicar a norma, sem exercer nenhuma função criadora. Distinguem-se das cláusulas gerais pela finalidade e eficácia. A lei enuncia o conceito indeterminado e dá as conseqüências dele advindas.

O Centro de Estudos Judiciários do Conselho da Justiça Federal promoveu a Jornada de Direito Civil, coordenado pelo então Ministro do Supremo Tribunal de Justiça Ruy Rosado de Aguiar Junior, o que produziu conclusões sobre este novo ordenamento jurídico, como o enunciado 23:

> 23 – Art. 421: a função social do contrato, prevista no art. 421 do novo Código Civil, não elimina o princípio da autonomia contratual, mas atenua ou reduz o alcance desse princípio quando presentes interesses metaindividuais ou interesse individual relativo à dignidade da pessoa humana.

---

[22] NERY JUNIOR, Nelson. *Código de Processo Civil Comentado e Legislação Extravagante*. São Paulo, Editora Revista dos Tribunais. 2003.

Assim, a lei abriu espaço para que o magistrado a interprete de acordo com o fato concreto, tendo, com isso, um papel muito mais abrangente. Neste ponto, a função social dos contratos, bem como a boa-fé objetiva, têm sido os instrumentos dos magistrados na jurisprudência gaúcha, como solução de impasses nas relações contratuais, conforme decisão abaixo:

> Agravo de Instrumento. Direito Privado não especificado. Ação cominatória. Contrato de fornecimento de leite *in natura*. Divergência acerca do preço do produto. Antecipação da tutela específica da obrigação. Presença dos pressupostos. Manutenção da decisão de Primeira Instância. Presentes os pressupostos do art. 461, § 3º do CPC, mostra-se possível antecipar-se a tutela em ação de cumprimento de obrigação de fazer ou não fazer. Caso concreto em que a situação fática é bastante controvertida no que tange ao preço a ser ofertado pelo litro de leite *in natura*, considerando o contrato de compra e venda firmado entre as partes que confere exclusividade à agravada na compra do referido produto. Manutenção da decisão concessiva de liminar que determina o restabelecimento da contratação como forma de se preservar a paz social e de se atentar para os vetores da boa-fé objetiva e da função social do contrato. Agravo de Instrumento desprovido.
> Agravo de Instrumento Nº 70009005380
> Sexta Câmara Cível Tribunal de Justiça do RS
> Relator Antônio Corrêa Palmeiro da Fontoura
> Julgado em 01/09/2004

O grande jurista, Ministro aposentado do STJ Ruy Rosado de Aguiar Júnior, em sua obra *Extinção dos Contratos por Incumprimento do Devedor*,[23] acrescenta:

> O princípio *pacta sunt servanda* é fundamental a qualquer sociedade e tem especial significado no campo do Direito das Obrigações. Contudo, os negócios jurídicos estão sujeitos a vicissitudes que lhe afetam a validade ou a eficácia, ocorridas ao tempo de sua celebração (nulidade, vício de vontade, vício oculto, lesão enorme) ou superveniente a ela (impossibilidade, perda do interesse do credor em receber a prestação etc).

---

23 AGUIAR JR., Ruy Rosado de. *Extinção nos contratos por incumprimento do devedor – resolução –*. 2 ed. Rio de Janeiro: AIDE Editora, 2003.

Dívidas Agrícolas

Nestas circunstâncias, o Código do Consumidor, bem como o Código Civil, apontam alternativas aos consumidores que se deparam com a impossibilidade total ou parcial de cumprimento de suas obrigações.

8.1. Onerosidade excessiva – modificação superveniente das circunstâncias – alteração da base objetiva do negócio

Os contratos são firmados em certa época, sob certas circunstâncias e expectativas, mas podem ocorrer modificações dessas circunstâncias, com o passar do tempo entre a assinatura e a exigibilidade das obrigações assumidas, alterando, com isso, a base objetiva do negócio.

Esta *modificação posterior das circunstâncias, que frustrem o fim do contrato* ou a *quebrem insuportavelmente* se visualiza quando ocorrem alterações dos fatos após a assinatura dos contratos, modificando a própria substância ou natureza, os quais anulam a finalidade da transação ou causam perda difícil ou impossível de se suportar, da estimação da medida financeira que igualava coisas de mesmo valor financeiro.

Quando isso ocorre, o *art. 6º, inciso V do Código de Defesa do Consumidor* autoriza a modificação das cláusulas contratuais:

Art. 6º São direitos básicos do consumidor:
(...)
V – a modificação das cláusulas contratuais que estabeleçam prestações desproporcionais ou sua revisão em razão de fatos supervenientes que as tornem excessivamente onerosas;
(...)

Entretanto, para que o Código de Defesa do Consumidor seja aplicado ao caso concreto, há a necessidade da existência de um consumidor e um fornecedor, caracterizando, assim, uma relação de consumo.

Entende-se como *consumidor*, conforme reza o art. 2º:

Art. 2º Consumidor é toda pessoa física ou jurídica que adquire ou utiliza produto ou serviço como destinatário final. Parágrafo único. Equipara-se a consumidor a coletividade de pessoas, ainda que indetermináveis, que haja intervindo nas relações de consumo.

Além do disposto acima, o art. 29 do CDC equipara ao consumidor "todas as pessoas, determináveis ou não, expostas às praticas nelas previstas".

Em seu art. 3º, traz o conceito de *fornecedor*:

Art. 3º Fornecedor é toda pessoa física ou jurídica, pública ou privada, nacional ou estrangeira, bem como os entes despersonalizados, que desenvolvem atividade de produção, montagem, criação, construção, transformação, importação, exportação, distribuição ou comercialização de produtos ou prestação de serviços.
§ 1º Produto é qualquer bem, móvel ou imóvel, material ou imaterial.
§ 2º Serviço é qualquer atividade fornecida no mercado de consumo, mediante remuneração, inclusive as de natureza bancária, financeira, de crédito e securitária, salvo as decorrentes das relações de caráter trabalhista.

Houve divergência na jurisprudência quanto à possibilidade de aplicação deste sistema jurídico na relação do agricultor com os seus fornecedores de produtos, os quais são utilizados no seu meio de produção.

Porém, o Superior Tribunal de Justiça entendeu que os agricultores, ao adquirirem insumos para o plantio de lavouras se inserem como destinatários finais, e, com isso, são consumidores, conforme decisão abaixo:

Código de Defesa do Consumidor. Destinatário final: conceito. Compra de adubo. Prescrição. Lucros cessantes.

1. A expressão "destinatário final", constante da parte final do art. 2º do Código de Defesa do Consumidor, alcança o produtor agrícola que compra adubo para o preparo do plantio, à medida que o bem adquirido foi utilizado pelo profissional, encerrando-se a cadeia produtiva respectiva, não sendo objeto de transformação ou beneficiamento.

Dívidas Agrícolas

2. Estando o contrato submetido ao Código de Defesa do Consumidor a prescrição é de cinco anos.

3. Deixando o Acórdão recorrido para a liquidação por artigos a condenação por lucros cessantes, não há prequestionamento dos artigos 284 e 462 do Código de Processo Civil, e 1.059 e 1.060 do Código Civil, que não podem ser superiores ao valor indicado na inicial.

4. Recurso especial não conhecido.

(RESP 208793/MT, Rel. Ministro Carlos Alberto Menezes Direito, Terceira Turma, julgado em 18.11.1999, DJ 01.08.2000, p. 264, RDR vol. 18 p. 337, RT vol. 787, p. 202)

Fazendo a exegese deste dispositivo, Voltaire de Lima Moraes, in *Comentários ao Código do Consumidor,* Editora Forense, 1992, p. 44 (obra com artigos de diversos autores coordenada por José Cretella Júnior e René Ariel Dotti), afirma a origem deste instituto na cláusula *rebus sic stantibus:*

> O inc. V do art. 6º, do CDC prevê, como direito básico do consumidor, a possibilidade deste requerer a revisão de cláusulas contratuais em razão de fatos supervenientes que as tornem excessivamente onerosas.
>
> Acolheu aqui o legislador a Teoria da Imprevisão ou Superveniência, resultante da cláusula *rebus sic stantibus.*
>
> (...)
>
> Durante os trabalhos legislativos ocorreram várias tentativas, como as dos Senadores Roberto Campos e Odacir soares, e dos Deputados Mendes Thame, Arnaldo Prieto, Samir Achôa e Sandra Cavalcante, para suprimir o inc. V do art. 6º em análise. No entanto, o relator do Projeto, Deputado Joaci Goes, rejeitou todas essas emendas supressivas, argumentando que "a adoção do princípio *rebus sic stantibus* nos contratos de consumo é necessidade inadiável. Já reconhecido no Direito Administrativo (para favorecer os fornecedores) com muito mais razão deve ser adotado no Direito do Consumidor (para favorecer o consumidor). Sua adoção não implica a criação de insegurança no comércio jurídico, já que sua imposição é 'sempre judicial', estando limitada a duas hipóteses apenas: prestações desproporcionais e excessiva onerosidade superveniente. O conceito de desproporcionalidade é similar ao de vantagem exagerada, claramente definido no art. 51, § 1º".

De outro lado, Cláudia Lima Marques, in *"Contratos no Código de Defesa do Consumidor"*, 2ª ed., destaca que este dispositivo atribui um direito ao consumidor, apontando sua diferenciação em relação à teoria tradicional que fundamenta a cláusula *rebus sic stantibus*, na medida em que a revisão independe da imprevisibilidade mas simples quebra da base do negócio jurídico:

> Cabe frizar, igualmente, que o art. 6º, inciso V, do CDC institui, como direito do consumidor, a modificação das cláusulas contratuais, fazendo pensar que não só a nulidade absoluta serviria como sanção, mas também que seria possível ao juiz modificar o conteúdo negocial. (pg. 297)
> A norma do art. 6º do CDC avança ao não exigir que o fato superveniente seja imprevisível ou irresistível, apenas exige a quebra da base objetiva do negócio, a quebra de seu equilíbrio intrínseco, a destruição da relação de equivalência entre prestações, ao desaparecimento do fim essencial do contrato. Em outras palavras, o elemento autorizador da ação modificadora do Judiciário é o resultado objetivo da engenharia contratual que agora apresenta a mencionada onerosidade excessiva para o consumidor, resultado de simples fato superveniente, fato que não necessita ser extraordinário, resultado de simples fato superveniente, fato que podia ser previsto e não foi. (pág. 299)

Igualmente, o *art. 51 do CDC* regula a ocorrência de vantagem excessiva a uma das partes, que contrariem a boa-fé e a eqüidade:

> Art. 51. São nulas de pleno direito, entre outras, as cláusulas contratuais relativas ao fornecimento de produtos e serviços que:
> (...)
> IV – estabeleçam obrigações consideradas iníquas, abusivas, que coloquem o consumidor em desvantagem exagerada, ou sejam incompatíveis com a boa-fé ou a eqüidade;
> § 1º Presume-se exagerada, entre outros casos, a vontade que:
> (...)
> III – se mostra excessivamente onerosa para o consumidor, considerando-se a natureza e conteúdo do contrato, o interesse das partes e outras circunstâncias peculiares ao caso.

Dívidas Agrícolas

§ 2º A nulidade de uma cláusula contratual abusiva não invalida o contrato, exceto quando de sua ausência, apesar dos esforços de integração, decorrer ônus excessivo a qualquer das partes.

Quanto ao inciso IV deste dispositivo, encontramos, mais uma vez, os conceitos jurídicos indeterminados, onde caberá aos juízes avaliarem se existem ou não obrigações iníquas, abusivas, que coloquem o consumidor em desvantagem exagerada, ou se são incompatíveis com a boa-fé ou a eqüidade nos casos concretos que lhe serão postas.

Além disso, o fornecimento de insumos, principalmente na área agrícola, inequivocamente deve ser considerado como um contrato complexo, em que as partes, fornecedor e consumidor, buscam um objetivo comum, que é o sucesso de toda a cadeia de negócios.

Deste modo, ocorrendo algum evento externo que impossibilite a geração da receita necessária para cumprimento dos contratos de fornecimentos de insumos, não pode o produtor ser o único penalizado na cadeia produtiva, arcando integralmente com o prejuízo, mas deve haver uma divisão de responsabilidades entre as partes contratantes.

Por exemplo: um agricultor contratou, para pagamento quando da colheita, o fornecimento de insumos para a sua lavoura com a empresa X, a qual formulou o preço de seus produtos com base na safra passada, em que não houve problemas de força maior, como chuva em demasia ou estiagem, motivo pelo qual pode-se dizer que as expectativas eram positivas.

Porém, na safra objeto do contrato houve quebra significativa, tendo sido alterados os fatos (circunstâncias) desde a assinatura do contrato até o momento de cumprir a obrigação, o que causou perda difícil ou impossível de se suportar.

Notem que houve a chamada alteração da base do negócio, eis que quando o contrato foi assinado, as circunstâncias estavam correndo dentro da normalidade, entretanto, quando a prestação era exigível, houve a quebra da safra, jogando o agricultor em outra realidade, havendo clara modificação superveniente das circunstâncias, o que possibilita a revisão do contrato.

A mesma coisa poderia ocorrer caso o produto, por exemplo, o arroz, possuísse a sua cotação muito baixa, não cobrindo nem mesmo os custos de sua produção. Como o agricultor poderia pagar o preço dos insumos da lavoura se o seu produto final está, por algum motivo alheio a sua vontade, desvalorizado?

Então, este contrato deve ser revisado pelo Poder Judiciário, para que sejam alteradas as cláusulas que colocam a parte devedora em desvantagem exagerada, sendo este papel de suma importância à sociedade, pois caso o contrato seja mantido conforme formulado, o agricultor não poderá honrar com o seu ajuste. Com isso, o fornecedor não receberá os seus valores, ficando igualmente inadimplente perante os compromissos que havia assumido com seus fornecedores, formando uma cadeia que pode atingir proporções imprevisíveis.

Esta situação certamente não interessa a sociedade porque contraria claramente o princípio da função social do contrato, que se fortalece sobremaneira em se tratando da atividade agrícola, protegida pelo interesse público na segurança alimentar do país.

Assim, a questão surge quando as partes, ou porque as circunstâncias se modificaram ou porque a formulação do contrato foi lacunosa e não estabeleceu regra a respeito de determinado tema, ou até mesmo o contrato foi mal formulado e as partes não interpretaram de maneira correta, não representando a sua vontade.

Na obra *Extinção dos Contratos por Incumprimento do Devedor*, o autor salienta: [24]

---

[24] AGUIAR JR., Ruy Rosado de. *Extinção nos Contratos por Incumprimento do Devedor –Resolução-*. 2 ed. Rio de Janeiro: AIDE Editora, 2003.

Dívidas Agrícolas

O exame dessas doutrinas e da legislação mais próxima conduz à conclusão de que existe forte tendência a admissão, em circunstâncias excepcionais, da quebra do principio da força obrigatória dos contratos em razão de modificações supervenientes, a fundamentar a revisão judicial do negócio ou mesmo a sua resolução. Vista a obrigação com um processo, e um sinalagma funcional como o aspecto social mais relevante dos contratos bilaterais – porquanto é na execução que se efetuam as prestações e ficam satisfeitos os interesses das partes –, parece bem evidente que ao tempo do adimplemento, nos contratos duradouros ou de execução diferida, devem existir as circunstâncias que garantam a conservação do principio da igualdade, expresso na equivalência entre as obrigações reciprocamente prometidas e a obtenção do fim natural do contrato. Não é preciso buscar fundamento fora da própria natureza jurídica do contrato bilateral para estabelecer, como requisito da eficácia continuada do contrato, condições que assegurem a equivalência e a finalidade objetivamente procuradas.

Igualmente, o *Código Civil de 2003* prevê, em seu *art. 478*, a possibilidade de revisão das obrigações quando estas se tornarem manifestamente onerosas, em virtude de acontecimentos extraordinários e imprevisíveis:

Art. 478. Nos contratos de execução continuada ou diferida, se a prestação de uma das partes se tornar excessivamente onerosa, com extrema vantagem para a outra, em virtude de acontecimentos extraordinários e imprevisíveis, poderá o devedor pedir a resolução do contrato. Os efeitos da sentença que a decretar retroagirão à data da citação.

Neste caso, o legislador previu a possibilidade de pedido de resolução do contrato. Entretanto, dá a alternativa de modificar eqüitativamente as condições do contrato, conforme o disposto nos arts. 479 e 480:

Art. 479. A resolução poderá ser evitada, oferecendo-se o réu a modificar eqüitativamente as condições do contrato.
Art. 480. Se no contrato as obrigações couberem a apenas uma das partes, poderá ela pleitear que a sua prestação seja reduzida, ou alterado o modo de executá-la, a fim de evitar a onerosidade excessiva.

Importante lembrar também o já citado art. 6º, V, do CDC, que elege como direito básico do consumidor a "modificação das cláusulas contratuais que estabeleçam prestações desproporcionais ou sua revisão em razão de fatos supervenientes que as tornem excessivamente onerosas".

Portanto, cabe ao Judiciário a modificação das cláusulas contratuais de forma que o produtor possa cumprir a obrigação assumida, podendo isto ocorrer através da dilatação do prazo de pagamento ou da redução dos encargos, entre outras medidas.

Neste ponto, lembramos que o Superior Tribunal de Justiça, nos casos de contratos de leasing indexados pelo dólar, que nem de longe tem a importância do contrato de fornecimento de insumos agrícolas, decidiu pela divisão igualitária dos prejuízos decorrentes da abrupta elevação da cotação, conforme se subtrai da decisão abaixo:

> Civil. Arrendamento mercantil. Contrato com cláusula de reajuste pela variação cambial. Validade. ELevação acentuada da cotação da moeda Norte-Americana. Fato novo. Onerosidade excessiva ao consumidor. Repartição dos ônus. Lei n. 8.880/94, art. 6º. CDC, art. 6º, V.
>
> I. Não é nula cláusula de contrato de arrendamento mercantil que prevê reajuste das prestações com base na variação da cotação de moeda estrangeira, eis que expressamente autorizada em norma legal específica (art. 6º da Lei n. 8.880/94).
>
> II. Admissível, contudo, a incidência da Lei n. 8.078/90, nos termos do art. 6º, V, quando verificada, em razão de fato superveniente ao pacto celebrado, consubstanciado, no caso, por aumento repentino e substancialmente elevado do dólar, situação de onerosidade excessiva para o consumidor que tomou o financiamento.
>
> III. Índice de reajuste repartido, a partir de 19.01.99 inclusive, eqüitativamente, pela metade, entre as partes contratantes, mantida a higidez legal da cláusula, decotado, tão somente, o excesso que tornava insuportável ao devedor o adimplemento da obrigação, evitando-se, de outro lado, a total transferência dos ônus ao credor, igualmente prejudicado pelo fato econômico ocorrido e também alheio à sua vontade.

Dívidas Agrícolas

IV. Recurso especial conhecido e parcialmente provido. (RESP 472594/SP, Rel. Ministro Carlos Alberto Menezes Direito, Rel. p/ Acórdão Ministro Aldir Passarinho Junior, Segunda Seção, julgado em 12.02.2003, DJ 04.08.2003 p. 217)

Importante citar ainda que o governo federal propôs solução nos moldes do que aqui se apregoa quando da edição da Resolução 444 do CODEFAT, que instituiu linha de crédito destinada ao pagamento de fornecedores de insumos nas regiões atingidas pela estiagem em 2005, em que o produtor financia o seu débito para liquidação em dois anos, com juros de 8,75%, ao passo que o fornecedor recebe o seu crédito à vista, mediante repasse da instituição financeira, mas assume um encargo de 5%, para equalizar a diferença entre os juros pagos pelo produtor o custo do dinheiro junto ao FAT e o *spread do banco que o repassa, arcando este com o risco da operação junto ao fundo.*

Com isso, cabe ao juiz alterar os contratos quando houver alteração de sua base, pela modificação superveniente das circunstâncias, onde trouxer onerosidade excessiva a uma parte, não o rescindindo, mas o alterando de modo que ambas as partes tenham a possibilidades de cumpri-los, com base no princípio da equidade, conforme preceitua o inciso V do art. 6º do Código de Defesa do Consumidor, bem como os arts. 479 e 480 do novo Código Civil.

8.2. Da possibilidade de revisão dos contratos – Instrumentos processuais

Quando o produtor rural se deparar com obrigação manifestamente onerosa, que lhe coloque em desvantagem exagerada frente ao credor, seja pela alteração da base do negócio ou por eventual abusividade existente na dívida, o Código de Defesa do Consumidor e o Código Civil possibilitam a revisão do pacto e o seu reequilíbrio, eis que impossível o cumprimento do modo em que foi elaborado.

Com base nisso, o Código de Processo Civil fornece instrumentos para o ingresso de ações buscando esta revisão, bem como modos de defesa em caso de cobrança por parte dos fornecedores.

O melhor instrumento processual para isso é a ação ordinária com pedido de antecipação de tutela, antes da cobrança do débito, podendo revisar a dívida pelos seus vários aspectos, bem como pleitear medidas urgentes, como a sustação de protestos, apreensões, etc., com fundamento no art. 273 do Código de Processo Civil.

Estando presentes os requisitos legais relacionados à concessão da tutela antecipada, verossimilhança da alegação e fundado receio de dano irreparável ou de difícil reparação, esta deve ser concedida liminarmente pelo Juízo.

Nos casos em que os fornecedores já tenham ingressado com ações visando cobrar o seus créditos, os produtores primeiramente devem se ater sobre os requisitos legais de constituição do título representativo do mesmo, conforme suas regras específicas, bem como de suas garantias. Caso não possuam as condições inerentes aos títulos executivos, liquidez, exigibilidade e certeza, cabe a interposição de Exceção de Pré-Executividade, anteriormente à penhora.

Caso contrário, possível a defesa mediante Embargos de Devedor, após a penhora de bem suficiente à garantia da dívida, através do qual se pode revisar a dívida e obter uma solução equânime a ambas as partes, nos termos do que dispõe a lei.

Dívidas Agrícolas

9. A exclusão dos cadastros de restrição ao crédito

Uma das formas de compelir o produtor a aceitar as ilegalidades e abusividades imposta pelos credores é a inclusão de seu nome em órgãos de restrição ao crédito, impedindo o acesso a este e, conseqüentemente, dificultando a continuidade dos negócios.

A inscrição do nome de devedores nestes cadastros de inadimplentes, quando se discute judicialmente o montante do débito, se mostra indevida, conquanto há sério risco de abalo de crédito generalizado, meio de coação ao pagamento e forma de coibir a obtenção da prestação jurisdicional quanto à legalidade da cobrança. Ocorre que a partir do Código de Defesa do Consumidor (Lei n° 8.078/90) passou a ser expressamente vedada a utilização de tais cadastros como meio de constrangimento ou ameaça à cobrança de débitos:

Art. 42. Na cobrança de débitos, o consumidor inadimplente não será exposto a ridículo, nem será submetido a qualquer tipo de constrangimento ou ameaça.

Em sociedades de economia capitalista, nada mais constrangedor ou ameaçador que a impossibilidade de acesso ao crédito, meio indispensável de subsistência do cidadão.

Por todas estas razões, é admitida a exclusão da inscrição de devedores em cadastros desta natureza, através de liminar em ações cautelares incidentais e de

Dívidas Agrícolas

antecipação de tutela em ações que visam à revisão dos débitos respectivos, enquanto pendentes as demandas judiciais.

Neste sentido, decisão do Superior Tribunal de Justiça:

> Medida cautelar. Efeito suspensivo a recurso especial. Liminar a ser referendada. Discussão do débito em juízo. Entidades de proteção ao crédito. SERASA, SPC, etc.
> 1. A jurisprudência predominante nesta Corte veda, em princípio, o lançamento do nome do devedor nos bancos de dados de proteção ao crédito, tais o SERASA e o SPC, quando discutido judicialmente o débito.
> 2. Liminar referendada.
> (MC 2938/SP, Rel. Ministro Carlos Alberto Menezes Direito, Terceira Turma do Superior Tribunal de Justiça, julgado em 24.10.2000, DJ 04.12.2000, p. 63, LEXSTJ vol. 139, p. 49)

Entretanto, decisões recentes da Corte Superior, com o intuito de evitar a ocorrência de abusos por parte dos devedores, vêm restringindo os casos em que se mostra cabível a exclusão do nome do devedor dos cadastros de inadimplentes:

> Civil. Serviços de proteção ao crédito. Registro no rol de devedores. Hipóteses de impedimento.
> A recente orientação da Segunda Seção desta Corte acerca dos juros remuneratórios e da comissão de permanência (REsp's ns. 271.214-RS, 407.097-RS, 420.111-RS), e a relativa freqüência com que devedores de quantias elevadas buscam, abusivamente, impedir o registro de seus nomes nos cadastros restritivos de crédito só e só por terem ajuizado ação revisional de seus débitos, sem nada pagar ou depositar, recomendam que esse impedimento deva ser aplicado com cautela, segundo o prudente exame do juiz, atendendo-se às peculiaridades de cada caso.
> Para tanto, deve-se ter, necessária e concomitantemente, a presença desses três elementos: a) que haja ação proposta pelo devedor contestando a existência integral ou parcial do débito; b) que haja efetiva demonstração de que a contestação da cobrança indevida se funda na aparência do bom direito e em jurisprudência consolidada do Supremo Tribunal Federal ou do Superior Tribunal de Justiça; c) que, sendo a contestação apenas de parte do débito, deposite o

valor referente à parte tida por incontroversa, ou preste caução idônea, ao prudente arbítrio do magistrado.

O Código de Defesa do Consumidor veio amparar o hipossuficiente, em defesa dos seus direitos, não servindo, contudo, de escudo para a perpetuação de dívidas. Recurso conhecido pelo dissídio, mas improvido. (RESP 527618/RS, Rel. Ministro Cesar Asfor Rocha, Segunda Seção, julgado em 22.10.2003, DJ 24.11.2003, p. 214)

A aparência do direito ou a verossimilhança das alegações estão por si só demonstradas nas razões que fundamentam o direito à revisão do débito.

No tocante à necessidade de caução idônea ou depósito da parte incontroversa, inexistem maiores dificuldades quando a dívida possuir algum tipo de garantia, seja real ou fidejussória, como normalmente ocorre nos contratos bancários e nos alongamentos dos débitos.

Caso inexistam garantias, mostra-se prudente o oferecimento de caução ou o depósito da parte efetivamente devida como forma de atender a exigência da orientação atual do tribunal superior.

Dívidas Agrícolas

Quadro-resumo das Resoluções do Conselho Monetário Nacional citadas
Obs.: A íntegra das resoluções pode ser obtida no site www.alfonsin.com.br

Resolução	Data	Origem	Objeto
2.238	31/01/1996	Lei 9.138/95	Modifica em parte a Securitização e determina que a adesão deve ocorrer até 30/06/96
2.433	16/10/1997	Lei 9.138/95	Determina a apresentação de conta-gráfica da operação original alongada, identificando claramente os encargos cobrados, estabelece normas para o caso de discordância, determina a continuidade do crédito para os mutuários que fizeram o alongamento e concede prorrogação do prazo da parcela vencível em 31/10/97
2.471	26/02/1998	Lei 9.138/95	Institui o PESA e determina que a adesão deve ocorrer até 31/07/98
2.566	06/11/1998	Lei 9.138/95	Prorroga o pagamento da parcela da securitização vencida em 31/10/98
2.634	24/08/1999	Lei 9.138/95	Prorroga o pagamento das parcelas da securitização vencíveis em 1999 e 2000 e concede redução de 2% nos juros do PESA devidos a partir de 24/08/99
2.666	11/11/1999	Lei 9.866/99	Prorroga o pagamento das parcelas da securitização vencidas em 1999 e vencíveis em 2000, concede bônus de adimplência às parcelas da securitização, amplia o rol de contratos que podem ser objeto de alongamento pelo PESA e concede redução de 2% nos juros do PESA devidos a partir de 24/08/99
2.902	22/11/2001	Lei 10.437/02	Prorroga parcialmente a parcela de 2001, autoriza a repactuação das parcelas restantes da securitização para pagamento entre 10/2002 e 10/2025 e dispensa a variação do preço mínimo, desde que os mutuários estejam adimplente até 30/11/01 Concede redução de 5% nos juros e limita a correção pelo IGP-M a 9,5% a.a., a partir de 01/11/01, inclusive nas parcelas vincendas de mutuários que não estejam em dia, desde que regularizem o débito até 30/11/01
2.919	26/12/2001	Lei 10.437/02	Prorroga o prazo para pagamento das parcelas atrasadas da securitização, com o fim de adesão a repactuação, para 28/02/02 Concede redução, no PESA, de 5% nos juros e limita a correção pelo IGP-M a 9,5% a.a., a partir de 01/11/01, inclusive nas parcelas vincendas de mutuários que não estejam em dia, desde que regularizem o débito até 28/02/02
3.078	24/04/2003	Lei 9.138/95	Prorroga o prazo de adesão para 30/09/03
3.080	24/4/2003	Lei 10.646/03	Concede redução de 5% nos juros e limita a correção pelo IGP-M a 0,759% a.m., a partir de 01/11/01, inclusive nas parcelas vincendas de mutuários que não estejam em dia, desde que regularizem o débito até 30/05/03
3.114	1/8/2003	Lei 10.696/03	Concede redução de 5% nos juros e limita a correção pelo IGP-M a 0,759% a.m., a partir de 01/11/01, inclusive nas parcelas vincendas de mutuários que não estejam em dia, desde que regularizem o débito até 01/09/03, exclusivamente para aqueles que tiveram seus débitos cedidos à União pela MP 2.196-3. Institui o Pesinha.

Bibliografia

AGUIAR JR., Ruy Rosado de. *Extinção nos contratos por incumprimento do devedor – resolução –*. 2 ed. Rio de Janeiro: Aide, 2003.

LACERDA, Galeno. Execução de Título Extrajudicial e Segurança do Juízo, *in Ajuris* 23, 1981, p. 7-15.

MARQUES, Cláudia Lima. *Contratos no Código de Defesa do Consumidor*, 2ª ed. São Paulo: RT, 2000.

MEIRELLES, Hely Lopes. *Direito Administrativo Brasileiro*. 26ª ed. São Paulo: Malheiros Editores, 2001.

MORAES, Alexandre de, *Direito Constitucional*. São Paulo: Atlas, 2001.

MORAES, Voltaire de Lima. *In Comentários ao Código do Consumidor*, Rio de Janeiro: Forense, 1992.

NERY JUNIOR, Nelson. *Código de Processo Civil Comentado e Legislação Extravagante*. São Paulo: RT, 2003.

NERY, Nélson. *Princípios do Processo Civil na Constituição Federal*. São Paulo: RT, 1992.

PEREIRA, Caio Mário da Silva. *Instituições de Direito Civil*. 15ª ed., vol. II. Rio de Janeiro: Forense, 2000.